EYEWITNESS TRAVEL GUIDES

CZECH
PHRASE BOOK

A Dorling Kindersley Book

LONDON, NEW YORK, MUNICH,
MELBOURNE, AND DELHI

Compiled by Lexus Ltd with Václav Řeřicha

First published in Great Britain in 1997
by Dorling Kindersley Limited
80 Strand, London WC2R 0RL

Reprinted with corrections 2000, 2003
2 4 6 8 10 9 7 5 3

Dorling Kindersley books can be purchased in bulk quantities at
discounted prices for use in promotions or as premiums. We are
also able to offer special editions and personalized jackets, corporate
imprints, and excerpts from all of our books, tailored specifically to
meet your own needs. To find out more, please contact: Special Sales,
Dorling Kindersley Limited, 80 Strand, London WC2R 0RL;
Tel. 020 7010 3000.

A CIP catalogue record is available from the British Library.

ISBN 0 7513 2050 1

Printed and bound in China by Leo Paper Products Limited

see our complete catalogue at
www.dk.com

Picture Credits
Front jacket (bottom right) Getty Images: Anthony Cassidy

CONTENTS

Preface	4
Introduction, Pronunciation	5
Useful Everyday Phrases	7
Days, Months, Seasons	14
Numbers, The Calendar	15
Time	17
Hotels	20
Driving	26
Rail and Coach Travel	32
Air Travel	40
Local Transport, Taxi and Boat	44
Doing Business	49
Eating Out	54
Menu Guide	59
Shopping	74
At the Hairdresser	80
Sport	83
Post Offices and Banks	87
Communications	91
Health	97
Conversion Tables	104
Mini-dictionary	106

PREFACE

This *Dorling Kindersley Eyewitness Travel Guides Phrase Book* has been compiled by experts to meet the general needs of tourists and business travellers. Arranged under headings such as Hotels, Driving and so forth, the ample selection of useful words and phrases is supported by a 1,800-line mini-dictionary. There is also an extensive menu guide listing approximately 500 dishes or methods of cooking and presentation.

  Typical replies to questions you may ask during your journey, and the signs or instructions you may see or hear, are shown in tinted boxes. In the main text, the pronunciation of Czech words and phrases is imitated in English sound syllables. The Introduction gives basic guidelines to Czech pronunciation.

Dorling Kindersley Eyewitness Travel Guides are recognized as the world's best travel guides. Each title features specially commissioned colour photographs, 3-D aerial views, detailed maps and cutaways of major buildings, plus information on sights, events, hotels, restaurants, shopping and entertainment.

Dorling Kindersley Eyewitness Travel Guides titles include:
Prague · Amsterdam · Australia · Sydney · Berlin · Budapest
California · Florida · Hawaii · New York
San Francisco & Northern California · Canada · France
Loire Valley Paris · Provence · Great Britain · London · Ireland
Dublin · Scotland · Greece: Athens & the Mainland
The Greek Islands · Istanbul · Italy · Florence & Tuscany
Milan & the Lakes · Naples · Rome · Sardinia · Sicily
Venice & the Veneto · Jerusalem & the Holy Land · Mexico
Moscow · St Petersburg · Portugal · Lisbon · Prague
South Africa · Spain · Barcelona · Madrid · Seville & Andalusia
Thailand · Vienna · Warsaw

INTRODUCTION

PRONUNCIATION

When reading the imitated pronunciation stress the first syllable of each word. Pronounce each syllable as if it formed a part of an English word and you will be understood sufficiently well. Remember the points below, and your pronunciation will be even closer to the correct Czech.

a	as in the 'u' in 'up' except when it is followed by an *h* and is pronounced like the long 'a' in 'lather'
ay	as in 'pay'
e	as in 'bed' except when it is followed by *h* and the sound is longer
g	as in 'get'
h	as in the English 'h' in 'hand'
H	is similar to the 'ch' in the Scottish word 'loch'
i	as in 'bit'
I	as the 'i' sound in wine
o	as in 'hot' except when it is followed by an *h* and is pronounced *oh*
u	as in 'put'
y	always as in 'yes' apart from *ay* above
zh	like the 's' in 'leisure'

It is important to remember that when **e** comes at the end of a word, it must be pronounced as a separate syllable. For example, the word **moře** should be pronounced *morzheh*. The pronunciation guide in the phrase sections of this book adds an *h* to a final *e* in cases where confusion could arise.

Summary of Special Characteristics in Czech

a	similar to the 'a' in 'ant' or the 'u' in 'up'
á	is a long 'a' as in 'lather'
c	as the 'ts' as in 'cats'
č	as the 'ch' in 'church'
d'	as the 'd' in 'duty'
é	is similar to the 'e' in 'bed' but longer
ě	as the 'ye' in 'yet'
h, ch	as the 'ch' in the Scottish word 'loch'
í	as the 'ee' in weed
j	as the 'y' in 'yes'
ň	as the first 'n' in 'companion'
ó	as the word 'awe'
ř	is similar to the Scots rolled 'r' run together with the 's' sound as in 'leisure'
š	as the 'sh' in 'ship'
t'	as the 't' in 'tune'
ú, ů	as the 'oo' in 'moon'
w	as the 'v' in 'van'
ý	as the 'ee' in 'weed'
ž	as the 's' in 'leisure'

The alternatives indicated by (*man*) and (*woman*) in the phrases show the forms to be used by a male or female speaker. Similarly, (*to a man*) and (*to a woman*) indicate the forms to be used when addressing a man or a woman.

USEFUL EVERYDAY PHRASES

Yes/no
Ano/ne
ano/neh

Thank you
Děkuji
d-yeku-yi

No, thank you
Ne, děkuji
neh d-yeku-yi

Please
Prosím
prosseem

I don't understand
Nerozumím
nerozoomeem

Do you speak English/French/German?
Mluvíte anglicky/francouzsky/německy?
mlooveeteh anglitski/frantsohski/n-yemetski

I can't speak Czech
Nemluvím česky
nemluveem cheski

I don't know
Nevím
neveem

Please speak more slowly
Mluvte pomalu, prosím
mloovteh pomaloo prosseem

Please write it down for me
Napište mi to, prosím
napishteh mi to prosseem

My name is ...
Jmenuji se ...
y-menoo-yi seh

How do you do, pleased to meet you
Těší mě
t-yeshee m-yeh

Good morning
Dobré ráno
dobreh rahno

Good day (*common general greeting*)
Dobrý den
dobree den

Good evening
Dobrý večer
dobree vecher

Good night
Dobrou noc
dobroh nots

Goodbye
Nashledanou
nas-ʜledanoh

How are you?
Jak se máte?
yak seh mahte

Excuse me, please
S dovolením
zdovoleneem

Sorry? *(pardon?)*
Prosím?
prosseem

Sorry! *(apology)*
Promiňte!
promin-yteh

I'm really sorry
Je mi to moc líto
yeh mi to mots leeto

Can you help me?
Můžete mi pomoci?
moozheteh mi pomotsi

Can you tell me …?
Můžete mi říci …?
moozheteh mi rzheetsi

Can I have …?
Mohu dostat …?
mo-hoo dostat

I would like …
Rád (*man*)/ráda (*woman*) bych …
raht/rahda biʜ

Is there … here?
Je tam … tady?
yeh tam … tadi

Where can I get …?
Kde mohu dostat …?
gdeh mo-hoo dostat

How much is it?
Kolik to stojí?
kolik to sto-yee

What time is it?
Kolik je hodin?
kolik yeh hodin

I must go now
Už musím jít
oozh moosseem yeet

I've lost my way
Zabloudil (*man*)/zabloudila (*woman*) jsem
zablohdil/zablohdila ysem

Cheers!
Na zdraví!
na zdravee

Do you take credit cards?
Berete karty?
bereteh karti

Where is the toilet?
Kde je záchod?
gdeh yeh zaнot

Go away!
Jděte pryč!
yd-yeteh prich

Excellent!
Výborně!
veeborn-yeh

I've lost my money/traveller's cheques/credit cards
Ztratil jsem peníze/cestovní šeky/kreditní karty
stradil ysem peneezeh/tsestovnee sheki/kreditnee karti

I've lost my passport
Ztratil jesm pas
stratil ysem pas

Where is the British/US embassy?
Kde je britská/americká ambasáda?
gdeh yeh britskah/ameritskah ambasahda

Is there wheelchair access?
Je tam bezbariérový přístup?
yeh tam besbari-yehrovee przheestup

Are there facilities for the disabled?
Je tam příslušenstuí vhodné pro postižené?
yeh tam przheeslushenstvee vhodneh pro postizheneh

Are guide dogs allowed?
Má sem přístup slepecký pes?
mah sem przheestup slepetskee pes

I'm deaf
Jsem hluchý *(man)*/hluchá *(woman)*
ysem hlutlee/hluttah

I'm blind
Jsem slepý *(man)*/slepá *(woman)*
ysem slepee/slepah

THINGS YOU'LL HEAR

Ahoj	Hello, Hi, Cheerio
Díky	Thanks
Dobře, děkuji	Very well thank you
– a vy?	– and you?
Dobrý den	Good day
Dobré ráno	Good morning
Jak máte?	How are you?
Těší mě	How do you do, nice to meet you
Nashledanou	Goodbye
Na zdraví!	Cheers!
Není zač	You're welcome; Not at all
Nerozumím	I don't understand
Nevím	I don't know
Omluvte mě	Excuse me
Opravdu?	Is that so?
Pozor!	Look out!
Prosím	Here you are; Don't mention it
Prosím?	Pardon
Prosím vás	Excuse me
Správně	That's right
Už musím jít	I must go now
Vítáme vás	Welcome

THINGS YOU'LL SEE

čerstvě natřeno	wet paint
dámy	women
muži	men
na prodej	for sale
návštěvní hodiny	visiting hours
nouzový východ	emergency exit
obsazeno	engaged
otevřeno	open
páni	men
pitná voda	drinking water
pokladna	cash desk
přímo	straight on
sem	pull
soukromý majetek	private property
táhnout	pull
tam	push
ticho	silence
tlačit	push
úřední hodiny	opening times
vchod	way in, entrance
vstup volný	admission free
vstup zakázán	no admittance
vstupné	entrance fee
východ	way out, exit
výprodej	sale
výtah	lift
záchody	toilets
zavřeno	closed
ženy	women

DAYS, MONTHS, SEASONS

Sunday	neděle	ned-yeleh
Monday	pondělí	pond-yelee
Tuesday	úterý	ooteree
Wednesday	středa	strzheda
Thursday	čtvrtek	chuhtvuhrtek
Friday	pátek	pahtek
Saturday	sobota	sobota
January	leden	leden
February	únor	oonor
March	březen	brzhezen
April	duben	dooben
May	květen	kv-yeten
June	červen	cherven
July	červenec	chervenets
August	srpen	suhrpen
September	září	zahrzhee
October	říjen	rzhee-yen
November	listopad	listopat
December	prosinec	prosinets
Spring	jaro	yaro
Summer	léto	lehto
Autumn	podzim	podzim
Winter	zima	zima
Christmas	vánoce	vahnotseh
Christmas Eve	Štědrý večer	sht-yedree vecher
New Year	Nový rok	novee rok
New Year's Eve	Silvestr	silvestuhr

NUMBERS, THE CALENDAR

0 nula *noola*
1 jedna *yedna*
2 dvě *dv-yeh*
3 tři *trzhi*
4 čtyři *chuhtirzhi*

5 pět *p-yet*
6 šest *shest*
7 sedm *sehduhm*
8 osm *ossuhm*
9 devět *dev-yet*

10 deset *desset*
11 jedenáct *yedenahtst*
12 dvanáct *dvanahtst*
13 třináct *trzhinahtst*
14 čtrnáct *chuhtuhrnahtst*
15 patnáct *patnahtst*
16 šestnáct *shestnahtst*
17 sedmnáct *sehduhmnahtst*
18 osmnáct *ossuhmnahtst*
19 devatenáct *devatenahtst*
20 dvacet *dvatset*
21 dvacet jedna *dvatset yedna*
22 dvacet dva *dvatset dva*
30 třicet *trzhitset*
31 třicet jedna *trzhitset yedna*
32 třicet dva *trzhitset dva*
40 čtyřicet *chtirzhitset*
50 padesát *padessaht*
60 šedesát *shedessaht*
70 sedmdesát *sehduhmdessaht*
80 osmdesát *ossuhmdessaht*
90 devadesát *devadessaht*
100 sto *sto*
110 sto deset *sto desset*
200 dvě stě *dv-yeh st-yeh*
300 tři sta *trzhi sta*
400 čtyři sta *chtirzhi sta*
500 pět set *p-yet set*

600	šest set	*shest set*
700	sedm set	*seduhm set*
800	osm set	*ossuhm set*
900	devět set	*dev-yet set*
1,000	tisíc	*tiseets*
10,000	deset tisíc	*desset tiseets*
20,000	dvacet tisíc	*dvatset tiseets*
100,000	sto tisíc	*sto tiseets*
1,000,000	milion	*mili-on*

THE CALENDAR

1st	první	*puhrvnee*
2nd	druhý	*droohee*
3rd	třetí	*trzhetee*
4th	čtvrtý	*chuhtvuhrtee*
5th	pátý	*pahtee*
6th	šestý	*shestee*
7th	sedmý	*sedmee*
8th	osmý	*ossmee*
9th	devátý	*devahtee*
10th	desátý	*dessahtee*
11th	jedenáctý	*yedenahtstee*
12th	dvanáctý	*dvanahtstee*
13th	třináctý	*trzhinahtstee*
14th	čtrnáctý	*chuhtuhrnahtstee*
15th	patnáctý	*patnahtstee*
16th	šestnáctý	*shestnahtstee*
17th	sedmnáctý	*seduhmnahtstee*
18th	osmnáctý	*ossuhmnahtstee*
19th	devatenáctý	*devatenahtstee*
20th	dvacátý	*dvatsahtee*
21st	dvacátý první	*dvatsahtee puhrvnee*
30th	třicátý	*trzhitsahtee*
31st	třicátý první	*trzhitsahtee puhrvnee*

TIME

today	dnes	*dness*
yesterday	včera	*fchera*
tomorrow	zítra	*zeetra*
the day before yesterday	předevčírem	*przhedeh-fcheerem*
the day after tomorrow	pozítří	*pozeetrzhee*
this week	tento týden	*tento teeden*
last week	minulý týden	*minulee teeden*
next week	příští týden	*przheeshte teeden*
this morning		
(early)	dnes ráno	*dness rahno*
(late)	dnes dopoledne	*dness dopoledneh*
this afternoon	dnes odpoledne	*dness otpoledneh*
this evening	dnes večer	*dness vecher*
tonight *(early)*	dnes večer	*dness vecher*
(late)	dnes v noci	*dness vnotsi*
yesterday afternoon	včera odpoledne	*fchera otpoledneh*
last night *(early)*	včera večer	*fchera vecher*
(late)	včera v noci	*fchera vnotsi*
tomorrow morning		
(early)	zítra ráno	*zeetra rahno*
(late)	zítra dopoledne	*zeetra dopoledneh*
tomorrow night		
(early)	zítra večer	*zeetra vecher*
(late)	zítra v noci	*zeetra vnotsi*
in three days	za tři dny	*za trzhi dni*
three days ago	před třemi dny	*przhed trzhemi dni*
late	pozdě	*pozd-yeh*
early	časně	*chassn-yeh*
soon	brzy	*buhrzi*
later on	později	*pozd-yay-i*
at the moment	právě	*prahv-yeh*

second	sekunda	*sekunda*
minute	minuta	*minuta*
one minute	jedna minuta	*yedna minuta*
two minutes	dvě minuty	*dv-yeh minuti*
quarter of an hour	čtvrt hodiny	*chuhtvuhrt hodini*
half an hour	půl hodiny	*pool hodini*
three quarters	tři čtvrtě hodiny	*trzhi chuhtvuhrt-*
of an hour		*yeh hodini*
hour	hodina	*hodina*
that day	ten den	*ten den*
every day	každý den	*kazhdee den*
all day	celý den	*tselee den*
the next day	příští den	*przheeshtee den*

TELLING THE TIME

'It's one o'clock' is **je jedna hodina** (*yeh yedna hodina*); for 'it's two/three/four o'clock' use **jsou** (*yuhsoh*) followed by the number and **hodiny**; the remaining hours to twelve o'clock are simply **je** plus the appropriate number and **hodin**.

For time past the hour always refer to the next hour. For 'half past' use **půl** (*pool*) and specify the next hour. For example, 'half past one' is **půl druhé** (*pool drooheh*) literally 'half of the second'; 'half past seven' is **půl osmé** (*pool ossmeh*), literally 'half of the eighth'. Similarly for 'quarter past' use **čtvrt na** (*chuhtvuhrt na*) and specify the next hour. For example, 'quarter past one' is **čtvrt na dvě** (*chuhtvuhrt na dv-yeh*). 'Five past three' is **tři a pět minut** (*trzhi a p-yet minut*). For 'quarter to' use **tři čtvrtě na** (*thrzhi chuhtvuhrt-yeh na*) and specify the next hour. For example, 'quarter to eight' is **tři čtvrtě na osm** (*trzhi chuhtvuhrt-yeh na ossuhm*).

Any of the expressions given above can be used with **v** meaning 'at', for example, 'at half past one' is **v půl druhé**.

An alternative way of expressing the time is to say **je jedna hodina dvacet pět minut** (*yeh yedna hodina dvatset p-yet minoot*) 'it's one twenty five' etc.

am *(midnight to 5 am)*	v noci	vnotsi
am *(5 to 9 am)*	ráno	rahno
am *(9 to 12 am)*	dopoledne	dopoledneh
pm *(12 to 5 pm)*	odpoledne	otpoledneh
pm *(5 to 10 pm)*	večer	vecher
pm *(10 to 12 pm)*	v noci	vnotsi
one o'clock	jedna hodina	yedna hodina
ten past one	jedna hodina deset minut	yedna hodina a desset minut
quarter past one	čtvrt na dvě	chuhtvuhrt na dv-yeh
half past one	půl druhé	pool drooheh
twenty to two	za dvacet minut dvě	za dvatset minoot dv-yeh
quarter to two	tři čtvrtě na dvě	trzhi chuhtvuhrt-yeh na dv-yeh
two o'clock	dvě hodiny	dv-yeh hodini
13.00	třináct hodin	trzhinahtst hodin
16.30	šestnáct třicet	shestnahtst trzhitset
at half past five	o půl šesté	o pool shesteh
at seven o'clock	v sedm hodin	fseduhm hodin
midday	poledne	poledneh
midnight	půlnoc	poolnots

HOTELS

In well-known tourist centres, visitors will find a wide variety of hotels, ranging from the most expensive five-star accommodation (for which advance booking is recommended) to relatively cheap and simple B or C graded guesthouses. Luxury hotels, known as Interhotels, usually have their own restaurants, wine bars and nightclubs. The spacious bedrooms include an en-suite bathroom, telephone, radio and colour television. Interhotels also operate 24-hour room service and many newer hotels are equipped with saunas, swimming pools and fitness centres.

Throughout the country, rented accommodation in private flats and houses is becoming increasingly available to tourists. The rooms are fairly large, comfortable and well-furnished but usually have a shared bathroom and toilet. This type of accommodation is good value for money, although owners prefer guests to settle their bills in hard currency (see Post Offices and Banks p. 87).

In July and August, mainly in larger towns, visitors can rent very reasonably-priced accommodation from university halls of residence. Halls tend to be cheaper than hotels and are frequently situated in a quiet part of town. Modern halls have well-furnished study-bedrooms with private bathrooms. Self-catering facilities are available and although there is no hotel-style service, there is usually a refectory or buffet and a common room with a television and radio.

USEFUL WORDS AND PHRASES

balcony	balkón	*balkawn*
bathroom	koupelna	*kohpelna*
bed	postel	*postel*
bedroom	ložnice	*lozhnitseh*
bill	účet	*oochet*
breakfast	snídaně	*sneedan-yeh*

dining room	jídelna	*yeedelna*
dinner	večeře	*vechehr-zheh*
double room	pokoj s dvojlůžkem	*pokoy z dvoyloozhkem*
foyer	předsálí	*przhetsahlee*
full board	plná penze	*puhlnah penzeh*
half board	polopenze	*polopenzeh*
hall of residence	studentská kolej	*stoodentskah kolay*
hotel	hotel	*hotel*
key	klíč	*kleech*
lift	výtah	*veetaн*
lounge	hala	*hala*
lunch	oběd	*ob-yet*
manager	ředitel	*rzheditel*
reception	recepce	*retseptseh*
receptionist	recepční	*retsepchnee*
restaurant	restaurace	*restowratseh*
room	pokoj	*pokoy*
room service	donáška do pokoje	*donahshka do poko-yeh*
shower	sprcha	*spr-нa*
single room	jednolůžkový pokoj	*yedno-loozhkovee pokoy*
toilet	záchod	*zaнot*
twin room	dvoulůžkový pokoj	*dvohloozhkovee pokoy*

Have you any vacancies?
Máte volné pokoje?
mahteh volneh poko-yeh

I have a reservation
Mám rezervovaný pokoj
mahm rezervovanee pokoy

I'd like a single/double room
Chtěl (man)/chtěla (woman) bych jednolůžkový pokoj/pokoj s dvoulůžkem
нt-yel/нt-yela biн yedno-loozhkovee pokoy/pokoy s dvoyloozhkem

I'd like a twin room
Chtěl (*man*)/chtěla (*woman*) bych s dvěma lůžky pokoj
Ht-yel/Ht-yela biH s dvyema loozhki pokoy

I'd like a room with a bathroom/with a balcony
Chtěl (*man*)/chtěla (*woman*) bych pokoj s koupelnou/s balkónem
Ht-yel/Ht-yela biH pokoy skohpelnoh/sbalkawnem

Is there satellite/cable TV in the rooms?
Je v pokojích satelit/kabelová televize?
yeh f-pokoyeeH satelit/kabelovah televize

I'd like a room for one night/for three nights
Chtěl (*man*)/chtěla (*woman*) bych pokoj na jednu noc/na tri noci
Ht-yel/Ht-yela biH pokoy na yednu nots/na trzhi notsi

I'm looking for private accommodation
Hledám ubytování v soukromí
hledahm ubitovahnee f-sohkromee

What is the charge per night?
Kolik stojí jedna noc?
kolik sto-yee yedna nots

I don't know yet how long I'll stay
Ještě nevím, jak dlouho tady zůstanu
yesht-yeh neveem yak dloh-ho tadi zoostanu

When is breakfast/dinner?
Kdy je snídaně/večeře?
gdi yeh sneedan-yeh/vecherzh-eh

Would you have my luggage brought up?
Nechal (*to a man*)/nechala (*to a woman*) byste přinést má zavazadla?
neHal/neHala bisteh przhi-nehst mah zavazadla

Please call me at … o'clock
Prosím, zavolejte mi v … hodin
prosseem zavolayteh mi v … hodin

Can I have breakfast in my room?
Mohu snídat ve svém pokoji?
mo-hu sneedat veh svehm poko-yi

I'll be back at … o'clock
Vrátím se v … hodin
vrateem seh v … hodin

My room number is …
Číslo mého pokoje je …
cheesslo meh-ho poko-yeh yeh

I'm leaving tomorrow
Odjíždim zítra
od-yeezhdeem zeetra

Can I have the bill, please?
Mohu dostat účet, prosím?
mo-hu dostat oochet prosseem

I'll pay by credit card
Budu platit úvěrovou kartou
budu platit oov-yerovoh kartoh

I'll pay cash
Budu platit v hotovosti
boodoo platit vhotovosti

Can you get me a taxi?
Můžete mi zavolat taxi?
moozheteh mi zavolat taksi

Can you recommend another hotel?
Můžete mi doporučit jiný hotel?
moozheteh mi doporuchit yinee hotel

THINGS YOU'LL SEE

bazén	swimming pool
dvoulůžkový pokoj	twin room
holičství	barber's shop
jednolůžkový pokoj	single room
jízdní řád	timetable
kadeřnictví	hairdresser's
kavárna	café
koupelna	bathroom
nocleh se snídaní	bed and breakfast
nouzový východ	emergency exit
obědy	lunches
obsazeno	no vacancies
plná penze	full board
polopenze	half board
poschodí	floor
pouze pro personál	staff only
přízemí	ground floor
recepce	reception
restaurace	restaurant
salónek	function room
sem	pull
směnárna	bureau de change
snídaně	breakfast
sprcha	shower
tam	push
tlačit	push
ubytovací řád	hotel rules
účet	bill
vinárna	wine bar
výtah	lift
WC muži	men's toilets
WC ženy	women's toilets
zadáno	reservation

THINGS YOU'LL HEAR

Pokoje s dvoujlůžkem už nemáme
There are no double rooms left

Jednolůžkové pokoje už nemáme
There are no single rooms left .

Jak budete platit?
How will you be paying?

Lituji, máme obsazeno
I'm sorry, we're full

Na kolik nocí?
For how many nights?

Platí se předem, prosím
Please pay in advance

DRIVING

Main roads in the Czech Republic are of a reasonable standard and there are long stretches of motorway linking the larger towns, including the express highway from Prague (Praha) to Bratislava, bypassing Brno. Traffic regulations and signs are similar to those in other European countries and you should drive on the right and overtake on the left. Vehicles turning left should give way to vehicles coming from the opposite direction and to trams from both directions. A tram signalling right has priority over a vehicle alongside heading in the same direction. The speed limit for cars is 90 kph (56 mph) on ordinary roads and 110kph (68 mph) on motorways, but in built-up areas it is restricted to 60kph (37 mph) between 5 am and 11 pm.

Driving after drinking any alcohol at all is strictly forbidden and there are heavy on-the-spot fines for speeding. Seat belts must be worn, if fitted, and children under 12 must not travel in the front seat.

4-star **super** (*soop-per*) is readily available as well as diesel. However, lead-free **natural** (*natooral*) is only found at a few stations.

While the network of petrol stations and garages is relatively dense, most of them close at night and it is advisable to fill up before a long night journey. An increasing number of private garages are open at the weekend and can provide a towing service. Private garages are more flexible than state-run ones – especially outside Prague and large cities. They tend to be open later and generally provide a quicker service. It is a good idea to bring essential spare parts with you as these can be quite difficult to obtain. Cars can be hired from Pragocar. If you are entering the Czech Republic by car, you will need a valid driving licence, evidence of vehicle registration and a 'green card' (international motoring certificate of insurance).

SOME COMMON ROAD SIGNS

centrum	town centre
dej přednost	give way
chodci	pedestrians
jednosměrná ulice	one-way street
konec dálnice	end of motorway
křižovatka	crossroads
max. výška	maximum height
nebezpečí	danger
nebezpečí smyku	danger of skidding
nebezpečná zatáčka	dangerous bend
neparkovat	no parking
nezpevněná krajnice	soft verges
objížďka	diversion
odtahová služba	towing service
opravna automobilů	service station
parkoviště	car park
podchod	subway
podjezd	underpass
pomalu	slow
pozor	caution
pozor, děti!	caution, children
pozor! na cestě se pracuje	caution, roadworks
prujezd zakázán	no thoroughfare
první pomoc	first aid
silnice se v zimě neudržuje	road not cleared in winter
stezka pro cyklisty	cyclists only
úsek častých nehod	accident blackspot
vjezd zakázán	no entry
výjezd	exit
zákaz parkování	no parking
zákaz předjiždění	no overtaking
zákaz vstupu	no trespassing
zmena přednosti v jízdě	change in the right of way
železniční přejezd	railway crossing

DRIVING

Useful Words and Phrases

automatic	automatický	*owtomatitskee*
brake (*noun*)	brzda	*buhruhzda*
breakdown	porucha	*poruнa*
car	auto	*owto*
caravan	obytný přívěs	*obitnee przheev-yes*
clutch	spojka	*spoyka*
crossroads	křižovatka	*krzhi-zhovatka*
drive (*verb*)	řídit	*rzheedit*
engine	motor	*motor*
exhaust	výfuk	*veefuk*
fanbelt	řemen ventilátoru	*rzhemen ventilahtoroo*
garage		
(*for repairs*)	opravna automobilů	*opravna owtomobiloo*
(*for petrol*)	benzínová stanice	*benzeenovah stanitseh*
gear	rychlost	*riнlost*
headlights	přední světla	*przhednee sv-yetla*
junction	křižovatka dálniční	*krzhi-zhovatka*
(*on motorway*)		*dahlnichnee*
licence	řidičský průkaz	*rzhidichskee prookas*
lorry	nákladní automobil	*nahkladnee owtomobil*
manual	ruční	*ruchnee*
mirror	zrcátko	*zuhr-tsahtko*
motorbike	motocykl	*mototsikl*
motorway	dálnice	*dahlnitseh*
number plate	státní poznávací značka	*stahtnee poznahvatsee znachka*
petrol	benzín	*benzeen*
rear lights	zadní světla	*zadnee sv-yetla*
road	silnice	*silnitseh*
skid (*verb*)	dostat smyk	*dostat smik*
spares	náhradní díly	*nah-hradnee deeli*
speed (*noun*)	rychlost	*riнlost*
speed limit	omezení rychlosti	*omezenee riнlosti*
speedometer	tachometr	*taно-metuhr*

steering wheel	volant	*volant*
tow	táhnout	*tah-huhnoht*
traffic lights	semafor	*semafor*
wheel	kolo	*kolo*
windscreen	přední sklo	*przhednee sklo*
windscreen wiper	stěrač	*st-yehrach*

I'd like some petrol/oil/water
Potřebuji benzín/olej/vodu
potrzheboo-yi benzeen/olay/vodoo

Fill it up, please!
Plnou nádrž, prosím!
plnoh nah-duhruhzh prosseem

I'd like 10 litres of petrol
Prosím deset litrů benzínu
prosseem deset litroo benzeenu

Would you check the tyres, please?
Zkontrolujte, prosím, pneumatiky
skontrolu-yuhteh prosseem pneh-umatiki

Do you do repairs?
Děláte opravy?
d-yelahteh opravi

Can you repair the clutch?
Můžete opravit spojku?
moozheteh opravit spoykoo

How long will it take?
Jak dlouho to bude trvat?
yak dloh-ho to budeh tuhrvat

Where can I park?
Kde mohu parkovat?
gdeh mo-hu parkovat

Can I park here?
Mohu parkovat tady?
mo-hu parkovat tadi

Where is the nearest garage?
Kde je nejbližší opravna?
gdeh yeh nay-blishee opravna

How do I get to ...?
Jak se dostanu do ...?
yak seh dostanu do

Is this the road to ...?
Je toto cesta do ...?
yeh toto tsesta do

DIRECTIONS YOU MAY BE GIVEN

druhá nalevo	second on the left
nalevo	on the left
napravo	on the right
první napravo	first on the right
rovně	straight on
za ...	past the ...
zabočte doleva	turn left
zabočte doprava	turn right

THINGS YOU'LL HEAR

Chtěl byste automatické nebo ruční řazení?
Would you like an automatic or a manual?

Můžete mi ukázat váš řidičský průkaz?
May I see your licence?

There is something wrong with the engine
Něco je s motorem
n-yetso yeh smotorem

The engine is overheating
Motor se moc zahřívá
motor seh mots za-hrzheevah

I need a new tyre
Potřebuji novou pneumatiku
potrzhebu-yi novoh pneh-umatiku

I'd like to hire a car
Rád *(man)*/ráda *(woman)* bych si pronajal/pronajala auto
rahd/rahda biн si pronı-al/pronı-ala owto

Is there a mileage charge?
Platí se za ujeté kilometry?
platee seh za u-yeteh kilometri

THINGS YOU'LL SEE

benzín	petrol
benzínová stanice	petrol station
bezolovnatý	unleaded
dálnice	motorway
hladina oleje	oil level
hlídané parkoviště	car park with attendant
kouření zakázáno!	no smoking!
motorová nafta	diesel oil
motorový olej	engine oil
odtahová služba	towing service
opravy	repairs
pozor!	caution
super	4-star petrol
vítáme vás!	welcome!
východ	exit

RAIL AND COACH TRAVEL

The railway network in the Czech Republic is extensive and
services between cities and popular resorts are relatively
frequent. Off the main routes, local trains, although fairly slow,
pass through many undiscovered towns and villages and some
beautiful mountain scenery. Rail fares within the Czech Republic
are fairly cheap compared to Western Europe but the standard of
comfort on some trains is not usually as high. The average speed
of local trains is low and the traveller should note that changing
trains off the main routes can be a lengthy process. First-class
travel on express trains is recommended for longer journeys as it
is quite comfortable and, of course, faster. Restaurant cars sell
good beer, snacks and meals at reasonable prices.

Tickets are more expensive for faster than slower trains on the
same route. You should check that you have the right sort of
ticket at the time of purchase, otherwise you'll be liable to pay
an extra charge if obliged to upgrade your ticket on the train.

Long-distance coaches are dearer and generally faster than
trains. On some busy routes, for example Praha (Prague)-Brno,
it is wise to reserve your seat in advance. There are few
international bus routes at present but they are increasing.

Useful Words and Phrases

booking office	místenková pokladna	*meesstenkovah pokladna*
buffet	bufet	*boofet*
carriage	vagón	*vagawn*
coach	autobus	*owtoboos*
coach station	autobusové nádraží	*owtoboosoveh nah-drazhee*
coach stop	autobusová zastávka	*owtoboosovah zastahfka*
compartment	kupé	*koopeh*
connection	spoj, přípoj	*spoy, przheepoy*
communication cord	záchranna brzda	*zahнranah buhruhzda*

engine	lokomotiva	*lokomotiva*
entrance	vchod	*fHot*
exit	východ	*veeHot*
first class	první třída	*puhruhvnee trzheeda*
get in	nastoupit	*nastohpit*
get out	vystoupit	*vistohpit*
guard	průvodčí	*proovotchee*
indicator board	úkazatel příjezdů a odjezdů	*ukazatel przhe-yezdoo a od-yezdoo*
left luggage office	úschovna zavazadel	*oossHovna zavazadel*
lost property	ztráty a nálezy	*strahti a nahlezi*
luggage trolley	vozík na zavazadla	*vozeek na zavazadla*
luggage van	zavazadlový vůz	*zavazadlovee voos*
platform	nástupiště	*nahstoopisht-yeh*
rail	kolej	*kolay*
railway	železnice	*zheleznitseh*
reserved seat	rezervované místo	*rezervovaneh meessto*
restaurant car	jídelní vůz	*yeedelnee voos*
return ticket	zpáteční jízdenka	*spahtechnee yeezdenka*
seat	místo	*meessto*
second class	druhá třída	*druhah trzheeda*
single ticket	jednoduchá jízdenka	*yednoduHah yeezdenka*
sleeping car	spací vuz	*spatsee voos*
station	stanice	*stanitseh*
station master	výpravčí	*veeprafchee*
ticket	jízdenka	*yeezdenka*
ticket collector	průvodčí	*proovotchee*
timetable	jízdní řád	*yeezdnee rzhaht*
tracks	koleje	*kolay-eh*
train	vlak	*vlak*
waiting room	čekárna	*chekahrna*
window	okno	*okno*

Where is the coach station?
Kde je autobusové nádraží?
gdeh yeh owtobusoveh nahdrazhee

When does the train/coach for … leave?
Kdy odjíždí vlak/autobus do …?
gdi od-yeezhdee vlak/owtobus do

When does the train from … arrive?
Kdy príjíždí vlak z …?
gdi przhi-yeezhdee vlak z

When is the next train/coach to …?
Kdy jede príští vlak/autobus do …?
gdi yedeh przheeshtee vlak/owtobus do

When is the first train/coach to …?
Kdy jede první vlak/autobus do …?
gdi yedeh puhruhvnee vlak/owtobus do

When is the last train/coach to …?
Kdy jede poslední vlak/autobus do …?
gdi yedeh posslednee vlak/owtobus do

What is the fare to …?
Kolik stojí jízdenka do …?
kolik sto-yee yeezdenka do

Do I have to change?
Musím přesedat?
musseem przhesedat

Does the train stop at …?
Staví tento vlak v …?
stavee tento vlak v

How long does it take to get to …?
Jak dlouho trvá cesta do …?
yak dloh-ho tuhrvah tsesta do

A single/return ticket to ..., please
Prosim jednoduchý/zpateční lístek do ...
prosseem yednoduнee/spahtechnee leestek do

Do I have to pay a supplement?
Musím něco doplatit?
musseem nyehtso doplatit

I'd like to reserve a seat
Rád bych (*man*)/ráda (*woman*) si koupil/koupila místenku
raht/rahda biн si kohpil/kohpila meesstenkoo

Is this the right train for ...?
Je toto správný vlak do ...?
yeh toto sprahvneh vlak do

Is this the right platform for the ... train?
Je toto správné nástupiště na vlak do ...?
yeh toto sprahvnee nahstoopisht-yeh na vlak do

Which platform for the ... train?
Z kterého nástupiště jede vlak do ...?
s-ktereh-ho nahstupisht-yeh yedeh vlak do

Is the train late?
Má tento vlak zpoždění?
mah tento vlak spozhd-yenee

Could you help me with my luggage, please?
Pomohl (*to a man*)/pomohla (*to a woman*) byste mi se zavazadly, prosím?
pomohl/pomohla bisteh mi seh zavazadli prosseem

Is this a non-smoking compartment?
Je toto oddělení pro nekuřáky?
yeh toto od-yelenee pro nekurzhahki

Is this seat free?
Je toto místo volné?
yeh toto meessto volneh

This seat is taken
Toto místo je obsazeno
toto meessto yeh opssazeno

I have reserved this seat
Mam místenku na toto místo
mahm meesstenku na toto meessto

May I open the window?
Mohu otevřít okno?
mo-hu otevrzheet okno

May I close the window?
Mohu zavřít okno?
mo-hu zavrzheet okno

When do we arrive in …?
Kdy přijedeme do …?
gdi puhrzhi-yedemeh do

What station is this?
Na které jsme zastávce?
na kuhtereh yuhsmeh zastahftseh

Do we stop at …?
Staví tento vlak v …?
stavee tento vlak v

Is there a restaurant car on this train?
Je v tomto vlaku jídelní vůz?
yeh f-tomto vlakoo yeedelnee voos

THINGS YOU'LL SEE

autobus	coach
autobusové nádraží	coach station
cesta	journey
čekárna	waiting room
České Dráhy (ČD)	Czech Railways
druhá třída	second class
expres	express train
hlavní nádraží	main station
informace	information
jen v neděli	on Sundays only
jen ve svátky	on public holidays only
jen ve všední dny	on weekdays only
jízdenka	ticket
jizdni řád	timetable
kouření zakázáno	no smoking
kromě neděle	Sundays excepted
kupé	compartment
kuřáci	smokers
k vlakům	to the trains
lístek	ticket
mezinárodní	international
místenka	seat-reservation ticket
místenková pokladna	reservation office
nákladní vlak	goods train
nástup	entrance
nejede v …	does not run on …
nestaví v …	does not stop in …
nevyklánějte se z okna	do not lean out of the window
noviny-časopisy	newspaper kiosk
občerstvení	snacks
obsazeno	engaged
oddělení	compartment
odjezdy	departures
osobní vlak	local train

→

pokladna	ticket office
první třída	first class
příjezdy	arrivals
rychlík	fast train
sleva	discount
směnárna	bureau de change
spací vagón	sleeping car
studentská sleva	student discount
úschovna zavazadel	left luggage
vagón	carriage
vchod	entrance
volno	vacant
vstup zakázán	no entry
východ	exit
výdejna jízdenek	ticket office
výstup	exit
zachranná brzda	communication cord
zneužití se trestá	penalty for misuse
zpátečni jízdenka	return ticket
zpoždění	delay

THINGS YOU'LL HEAR

Jízdenky, prosím
Tickets, please

Kontrola jízdenek
Tickets, please

Nastupovat!
All aboard!

Pozor!
Attention!

Vlak číslo ... bude na příjezdu asi ... minut opožděn
Train number ... will be delayed by ... minutes

Vlak do ... přijede k nástupišti ...
The train to ... will arrive at platform number ...

AIR TRAVEL

Czechoslovak Airlines (ČSA) has an intercontinental network
of about thirty destinations plus another forty destinations in
Europe. Domestic flights between the main Czech cities are
frequent and in the holiday season there are regular flights
between Prague (Praha) and popular spas in Bohemia. ČSA
provides a bus service between the air terminals and airports
in Prague and Bratislava and in each case the journey takes
about thirty minutes. There is a regular city bus service, 119,
which will take you from Prague airport to a convenient
underground station. ČSA runs a reasonably priced duty-free
shop on the first floor of the capital's airport and provides
hotel accommodation, car rental and other services for foreign
visitors. A comprehensive timetable is published twice a year.
All major credit cards are accepted.

Useful Words and Phrases

aircraft	letadlo	*letadlo*
air hostess	letuška	*letushka*
airline	letecká linka	*letetskah linka*
airport	letiště	*letisht-yeh*
airport bus	letistní autobus	*letishtnee owtobus*
aisle	ulička	*ulichka*
arrival	přílet	*przheelet*
baggage claim	vydej zavazadel	*veeday zavazadel*
boarding card	palubni vstupenka	*palubnee fstupenka*
check-in (*noun*)	odbavení	*odbavenee*
check-in desk	přepážka odbavení	*przhepahshka odbavenee*
customs	clo	*tslo*
delay	zpoždění	*spozhd-yenee*
departure	odlet	*odlet*
departure lounge	odletová hala	*odletovah hala*
duty-free shop	prodejna bezcelního zboží	*prodayna bestselneeho zbozhee*

emergency exit	nouzový východ	*nohzovee veeнot*
flight	let	*let*
flight number	číslo letu	*cheesslo letoo*
gate	vychod	*veeнot*
jet	proudové letadlo	*prohdoveh letadlo*
land (*verb*)	přistát	*przhistaht*
long distance flight	dálkový let	*dahlkovee let*
passport	pas	*pas*
passport control	pasová kontrola	*passovah kontrola*
pilot	pilot	*pilot*
runway	ranvej	*ranvay*
seat	místo	*meessto*
seat belt	bezpečnostní pás	*bespechnostnee pahs*
steward	stevard	*stevart*
stewardess	stevardka	*stevartka*
takeoff (*noun*)	start	*start*
window	okno	*okno*
wing	křídlo	*krzheedlo*

When is there a flight to ...?
Kdy letí letadlo do ...?
gdi letee letadlo do

What time does the flight to ... leave?
Kdy odlétá letadlo do ...?
gdi odlehtah letadlo do

Is it a direct flight?
Je to přímý let?
yeh to przheemee let

Do I have to change planes?
Musim přesedat?
moosseem przhe-sedat

When do I have to check in?
Kdy se musím dostavit k odbavení?
gdi seh musseem dostavit kodbavenee

I'd like a single/return ticket to …
Prosím jednoduchý/zpáteční lístek do …
prosseem yednoduнee/spahtechnee leestek do

I'd like a non-smoking seat, please
Prosím nekuřácké místo
prosseem nekurzhah-tskeh meessto

I'd like a window seat, please
Prosím místo u okna
prosseem meessto u okna

How long will the flight be delayed?
Jak dlouho bude let opožděn?
yak dloh-ho budeh let opozhd-yen

Which gate for the flight to …?
Kde je východ pro let do …?
gdeh yeh veeнot pro let do

Is this the right gate for the … flight?
Je toto spravny východ pro let do …?
yeh toto sprahvnee veeнot pro let do

When do we arrive in …?
Kdy přiletíme do …?
gdi przhileteemeh do

May I smoke now?
Mohu už kouřit?
mo-hu uzh kohrzhit

I do not feel very well
Necítím se dobře
neh-tseeteem seh dobrzheh

THINGS YOU'LL SEE

celní kontrola	customs control
cestující	passengers
ČSA	Czechoslovak Airways
číslo	number
informace	information
kuřáci	smokers
let	flight
letadlo	aircraft
mezipřistání	intermediate stop
mistni čas	local time
nekuřáci	non-smokers
nekuřte, prosím	no smoking, please
nouzové přistáni	emergency landing
nouzový východ	emergency exit
občerstvení	refreshments
odbavení	check-in
odlety	departures
pasová kontrola	passport control
plánovaný let	scheduled flight
přílety	arrivals
přimý let	direct flight
start	takeoff
stevard	steward
stevardka	stewardess
upevněte si bezpečnostní pás	fasten seat belt
vnitrostátní linky	domestic flights
východ	gate
výdej zavazadel	baggage claim
zahraniční linky	international flights
zpožděni	delay

LOCAL TRANSPORT, TAXI AND BOAT

Buses are the main form of public transport, but trams also operate in some city centres and there are still trolley-buses in a few towns. The Prague underground is relatively small but it is efficient and modern. Flat fare tickets can be bought in advance at newspaper stands, tobacconists and underground stations. Tickets must be stamped in an automatic machine after boarding a tram or a bus and underground tickets must be stamped at the time of entry to the underground: they become invalid after an hour or when the passenger leaves the underground. Although fares are fairly cheap, fines for non-payment are heavy and tickets are often checked. Younger people are encouraged to offer their seats to the disabled and elderly.

On weekdays, public transport is frequent and some bus services in Prague operate during the night. However, it is best to check the timetable for Sunday services and last bus and tram times.

Taxis are fairly expensive and rarely seen in smaller towns. Taxi drivers, like hairdressers and waiters, expect a tip but will often advise on local accommodation and entertainment. Passengers should check that the taximeter is on as they set off and unmarked 'taxis' should be avoided.

Boat services are quite rare and mostly consist of pleasure trips on several rivers and lakes. One of the few exceptions is the boat service between Bratislava and Vienna. A cable car ride in one of the popular mountain resorts is well worth including in your itinerary.

USEFUL WORDS AND PHRASES

adult	dospělý	*dosp-yelee*
boat	lod'	*lot-yuh*
bus	autobus	*owtobus*
bus stop	zastávka autobusu	*zastahfka owtobusu*

child	dítě	*deet-yeh*
coach	autobus (dálkový)	*owtoboos dahlkovee*
conductor	průvodčí	*proovotchee*
connection	spoj	*spoy*
driver	řidič	*rzhidich*
fare	jízdné	*yeezdneh*
ferry	převoz	*przhevos*
lake	jezero	*yezero*
network map	mapa dopravní sítě	*mapa dopravnee seet-yeh*
number 5 bus	autobus číslo pět	*owtobus cheesslo p-yet*
passenger	cestující	*tsestu-yeetsee*
river	řeka	*rzheka*
seat	místo	*meessto*
station	stanice	*stanitseh*
subway (*underpass*)	podchod	*potHot*
taxi	taxi	*taksi*
terminus	konečná	*konechnah*
ticket	lístek	*leestek*
tram	tramvaj	*tramvı*
underground	metro	*metro*

Where is the nearest underground station?
Kde je nejbližší stanice metra?
gdeh yeh nayblizhshee stanitseh metra

Where is the bus station?
Kde je autobusové nádraží?
gdeh yeh owtobusoveh nahdrazhee

Where is there a bus stop?
Kde je tady zastávka autobusu?
gdeh yeh tadi zastahfka owtobusu

LOCAL TRANSPORT, TAXI AND BOAT

Where is there a tram/trolley-bus stop?
Kde je tady zastávka tramvaje/trolejbusu?
gdeh yeh tadi zastahfka tramvı-eh/trolaybusu

Which buses go to …?
Které autobusy jedou do …?
ktereh owtobusi yedoh do

How often do the buses to … run?
Jak často jede autobus do …?
yak chasto yedeh owtobus do

Would you tell me when we get to …?
Řekl (*to a man*)/řekla (*to a woman*) byste mi, kdy se dostaneme do …?
rzhekuhl/rzhekla bisteh mi gdi seh dostanemeh do

Do I have to get off yet?
Mám už vystdupit?
mahm uzh vistohpit

How do you get to …?
Jak se člověk dostane do …?
yak seh chlov-yek dostaneh do

Is it very far?
Je to hodně daleko?
yeh to hodn-yeh daleko

I want to go to …
Chci jet do …
Htsi yet do

Do you go near …?
Jedete blízko …?
yedeteh bleesko

Where can I buy a ticket?
Kde si mohu koupit lístek?
gdeh si mo-hu kohpit leestek

Could you close the window?
Mohl (*to a man*)/mohla (*to a woman*) byste zavřít okno?
mohuhl/mohla bisteh zavrzheet okno

Could you open the window?
Mohl (*to a man*)/mohla (*to a woman*) byste otevřít okno?
mohuhl/mohla bisteh otevrzheet okno

Could you help me get a ticket?
Mohl (*to a man*)/mohla (*to a woman*) byste mi pomoci koupit
   lístek?
mohuhl/mohla bisteh mi pomotsi kohpit leestek

Is there a reduction for children?
Mdte nižší ceny pro děti?
mahte nishee tseni pro d-yeti

Do we have to pay for the children?
Musíme platit za děti?
musseeme platit zah d-yeti

When does the last bus leave?
Kdy odjíždí poslední autobus?
gdi od-yeezhdee poslednee owtobus

THINGS YOU'LL SEE AND HEAR

děti	children
dospělí	adults
jízdenky prosím	tickets, please
konečná	terminus
kontrola jízdenek	tickets, please
kouření zakázáno	no smoking
lístek	ticket
lístek na autobus	bus ticket
lístek na metro	underground ticket
nastupujte vpředu	enter at the front
nastupujte vzadu	enter at the rear

→

47

nástup	entrance
nemluvte za jízdy s řidičem	do not speak to the driver when the vehicle is in motion
nevystupovat	do not get out
nouzový východ	emergency exit
obsazený	full up
odjezd	departure
platit	to pay
plný	full
předložte jízdenky	tickets, please
přesedat	to change
revizor	ticket inspector
řidič	driver
sedadlo	seat
stanoviště taxi	taxi rank
trasa	route
ukázat	to show
ukončete výstup a nástup, dveře se zavírají!	stand back please, the doors are closing!
východ	exit
vystupovat	to get off
zastávka	stop

DOING BUSINESS

The Czech Republic is in the process of changing to a market economy and it is now possible for foreigners to set up their own businesses in the country or to invest in an existing company. Joint ventures can be established in practically all areas apart from national defence and security and foreigners are now allowed to own 100 per cent of shares in a Czech-based enterprise. The authorization procedure for setting up in business has recently been greatly simplified – authorization is generally granted by the Ministry of Finance or, if the enterprise is in the banking sector, by the State Bank. The traditional industries of the country, the high level of general education, the low foreign debt and the European cultural and social background are advantages for the anyone wishing to do business in the country. In addition, English is widely spoken in business circles.

USEFUL WORDS AND PHRASES

accept	přijmout	*przhi-yuhmoht*
accountant	účetní	*oochetnee*
accounts department	účtárna	*oochtahrna*
advertisement	inzerát	*inzeraht*
advertising	reklama	*reklama*
airfreight (*verb*)	dopravit letecky	*dopravit letetski*
bid (*noun*)	nabídka	*nabeetka*
board (*of directors*)	správní rada	*sprahvnee rada*
brochure	brožura	*brozhoora*
business card	vizitka	*vizitka*
business person	obchodník	*ophodneek*
chair person	předseda	*przhetseda*
cheap	levný	*levnee*
client	klient	*kli-ent*
company	společnost	*spolechnost*

computer	počítač	*pocheetach*
consumer	spotřebitel	*spotrzhebitel*
contract	smlouva	*smlohva*
cost	cena	*tsena*
customer	zákazník	*zahkazneek*
director	ředitel	*rzheditel*
discount	sleva	*sleva*
documents	doklady	*dokladi*
down payment	záloha	*zahloha*
email address	e-mailová adresa	*e-mailovah adresa*
engineer	inženýr,	*inzheneer,*
(technician)	technik	*teHnik*
executive	vyšší úředník	*vishee oorzhedneek*
expensive	drahý	*drahee*
exports	celkový vývoz	*tselkovee veevos*
fax	fax	*faks*
import *(verb)*	importovat,	*importovat,*
	dovážet	*dovahzhet*
imports	celkový dovoz	*tselkovee dovos*
instalment	splátka	*splahtka*
invoice *(noun)*	faktura	*faktoora*
(verb)	fakturovat	*faktoorovat*
letter	dopis	*dopis*
letter of credit	akreditiv	*akreditif*
loss	ztráta	*strahta*
manager	provozní	*provoznee*
	ředitel	*rzheditel*
manufacture	výroba	*veeroba*
market	trh	*tuhrH*
marketing	marketink	*marketink*
meeting	schůze	*sHoozeh*
mobile phone	mobilní telefon	*mobilnee telefon*
negotiations	jednání	*yednahnee*
offer	nabídka	*nabeetka*
order *(noun)*	objednávka	*ob-yednahfka*
(verb)	objednat	*ob-yednat*

personnel	personál	*personahl*
photocopier	kopírka	*koppeerka*
price	cena	*tsena*
product	výrobek	*veerobek*
production	výroba	*veeroba*
profit	zisk	*zisk*
promotion (*publicity*)	propagace	*propagatseh*
purchase order	objednávka	*ob-yednahfka*
sales department	obchodní oddělení	*opнodnee od-yelenee*
sales director	obchodní ředitel	*opнodnee rzheditel*
sales figures	prodejní výsledky	*prodaynee veesletki*
secretary (*female*)	sekretářka	*sekretahrzhka*
shipment	lodní zásilka	*lodnee zahsilka*
tax	daň	*dan-yuh*
tender	tendr	*tenduhr*
total	celková částka	*tselkovah chahstka*
Web site	web site	*'web site'*

My name is …
Jmenuji se …
yuhmenu-yi seh

Here's my card
Zde je má vizitka
zdeh yeh mah vizitka

Pleased to meet you
Těší mě
t-yeshee m-yeh

May I introduce …?
Mohu vám představit …?
mo-hu vahm przhetstavit

My company is …
Moje společnost je …
mo-yeh spolechnost yeh

Our product is selling very well in the UK market
Náš výrobek se prodává velmi dobře na britském trhu
nahsh veerobek seh prodahvah velmi dobrzheh na britskehm tuhrhoo

We are looking for partners in the Czech Republic
Hledáme partnery v České Republice
hledahmeh partneri v cheskeh republitseh

At our last meeting …
Při naší minulé schůzce …
przhi nashee minuleh sнoostseh

10%/25%/50%
deset procent/dvacet pět procent/padesát procent
deset protsent/dvatset p-yet protsent/padesaht protsent

More than …
Více než …
veetseh nezh

Less than …
Méně než …
mehn-yeh nezh

On schedule
Přesně
przhesn-yeh

We're slightly behind schedule
Máme trochu zpoždění
mahmeh troнu spozhd-yenee

Please accept our apologies
Prosím přijměte naši omluvu
prosseem przhi-yuhm-yeteh nashee omluvu

There are good government grants available
K dispozici jsou slušné státní dotace
gdispozitsi yuhsoh slushneh stahtnee dotatseh

It's a deal
Ujednáno
u-yednahno

I'll have to check that with my chairman
Musím to projednat s naším předsedou
musseem to pro-yednat snasheem przhetsedoh

I'll get back to you on that
Budu s vámi o tom znovu jednat
budu svahmi o tom znovu yednat

Our quote will be with you very shortly
Naši nabídku dostanete velmi brzy
nashi nabeetkoo dostaneteh velmi buhrzi

We'll send them airfreight
Pošleme je letecky
poshlemeh yeh letetski

It's a pleasure to do business with you
Obchodovat s vámi je potěšením
opноdovat svahmi yeh pot-yesheneem

We look forward to a mutually beneficial business relationship
Těšíme se na budoucí vzájemně výhodné obchodní vztahy
t-yesheemeh seh na budohtsee vzɪ-emn-yeh veehodneh opноdnee fstahi

Did you get my fax/email?
Dostal *(to a man)*/dostala *(to a woman)* jsi muj fax/e-mail?
dostal/dostala ysi mooy fax/email

Please resend your fax
Pošli ten fax znovu, prosím
poshli ten fax znovu prosseem

Can I use the photocopier/fax machine?
Mohu použít kopírku/fax?
mo-hu pohzheet koppeerku/fax

EATING OUT

Restaurants – **restaurace** (*restowratseh*) – are divided into four price categories. The first category – **cenová skupina** – and some of the second can be fairly expensive. A wide variety of both Czech and international food is available and Chinese and Indian restaurants are popular. Ethnic and restaurants in the higher price categories usually require advance booking.

Food in cheaper restaurants varies depending on the season, region and initiative of the manager or owner. Small pubs in the mountain region of Bohemia often serve interesting local dishes. Roast pork with dumplings and sauerkraut (**vepřová pečeně s knedlíky a se zelím**, *veprzhovah pechen-yeh sknedleeki a se zeleem*) is a popular dish, cutting through price categories and found almost everywhere. In big hotels and more upmarket restaurants, game is available in season, and haunch of venison in cream sauce (**srnčí kýta na smetane**, *sruhnchee keeta na smetan-yeh*) is recommended. Those who like fresh-water fish, should try trout in herb butter (**pstruh na másle**, *puhstrooн na mahsleh*). Meat and fish in restaurants are sold by weight. While meat still plays an important role in Czech food culture, some vegetarian dishes are available.

Popular snacks in lower-priced restaurants include tripe soup (**dršťková polévka**, *druzht-yehkovah polehfka*), goulash soup (**gulášová polévka**, *goolashovah polehfka*) and stewed pork with paprika and rice (**vepřové na paprice rýží**, *veprzhoveh na papritseh s reezhee*). Goulash with dumplings, or just with a roll as a snack, should be of reasonable quality anywhere.

If in search of local colour, the visitor should explore the neighbourhood pubs (in the third and fourth price categories) which are modestly priced and furnished. Beer is at its best in Bohemia, but there is some good beer in Brno and a few locally brewed beers in Northern Moravia and Slovakia are worth trying.

A visit to one of the wine cellars in Southern Moravia is to be recommended and can be easily arranged when you are passing through the region. The best wines in the country come from South Moravia. The white wines **Rulandské bílé** (*roolantskeh beeleh*), **Müller Thurgau** and the red **Kláštorné červené** (*klashtorneh cherveneh*) are among the most popular. **Becherovka** (*beнerofka*) is a traditional mild herbal liqueur, distilled in Karlsbad (Karlovy Vary) and drunk as an aperitif. **Mattoniho kyselka** (*matoniho kiselka*) is the best type of mineral water.

A service charge may be shown on the bill, but a tip of about 10% is customary.

USEFUL WORDS AND PHRASES

beer	pivo	*pivo*
bill	účet	*oochet*
bottle	láhev	*lah-hef*
bowl	miska	*miska*
cake	zákusek	*zahkoossek*
chef	kuchař	*kooнarzh*
coffee	káva	*kahva*
cup	šálek	*shahlek*
fork	vidlička	*vidlichka*
glass	sklenice	*sklenitseh*
hors d'oeuvre	předkrm	*przhetkuhruhm*
knife	nůž	*noozh*
menu	jídelní lístek	*yeedelnee leestek*
milk	mléko	*mlehko*
plate	talíř	*taleerzh*
receipt	stvrzenka	*stuhruhrzenka*
sandwich	obložený chléb	*oblozhenee нlehp*
serviette	ubrousek	*oobrohsek*
snack	rychlé	*riнleh*
	občerstvení	*opcherstuhvenee*
soup	polévka	*polehfka*
spoon	lžíce	*lzheetseh*
sugar	cukr	*tsookuhr*

table	stůl	*stool*
tea	čaj	*chı*
teaspoon	čajová lžička	*chı-ovah luhzhichka*
tip	spropitné	*spropitneh*
waiter	číšník	*cheeshneek*
waitress	číšnice	*cheeshnitseh*
water	voda	*voda*
wine	víno	*veeno*
wine list	nápojový lístek	*nahpo-yovee leestek*

A table for one, please
Stůl pro jednoho, prosím
stool pro yednoho prosseem

A table for two, please
Stůl pro dva, prosím
stool pro dva prosseem

Is there a highchair?
Mají tam dětskou židličku?
mayee tam dyetskoh zhidlichku

Can I see the menu?
Mohu dostat jídelní lístek?
mo-hoo dostat yeedelnee leestek

Do you have a vegetarian menu?
Máte vegetariánskou nabídku jídel?
mah-te vegetari-yahnskoh nabeedku yee-del

Call the manager, please!
Zavolejte vedoucího, prosím!
zavolayteh vedohtseeho prosseem

Can I see the wine list?
Mohu dostat nápojovy lístek?
mo-hoo dostat nahpo-yovee leestek

Do you do children's portions?
Děláte dětské porce?
d-yelahte d-yetskeh portse

Can you warm this bottle/baby food for me?
Můžete ohřát tuto láhev/kojeneckou výživu?
moozheteh o-hrzhaht tuto lah-hef/ko-yenetskoh veezhivu

What would you recommend?
Co byste mi doporučil (*to a man*)/doporučila (*to a woman*)?
tso bisteh mi doporuchil/doporuchila

Is this suitable for vegetarians?
Je to vhodné pro vegetariány?
yeh to vhodneh pro vegetari-yahni

I'm allergic to nuts/shellfish
Jsem alergický (man)/alergická (woman) na ořechy/korýše
ysem alergitskee/alergitskah na orzhetti/koreeshe

I'd like …
Rád (*man*)/ráda (*woman*) bych …
raht/rahda biн

Just a cup of coffee, please
Jenom šálek kávy, prosím
yenom shahlek kahvi prosseem

Waiter/waitress!
Pane/paní vrchní!
paneh/panee vuhruннee

A beer/two beers, please
Pivo/dvě piva, prosim
pivo/dv-yeh piva prosseem

Can we have the bill, please?
Můžeme dostat účet, prosím?
moozhemeh dostat oochet prosseem

I only want a snack
Chci jenom něco malého k jídlu
Htsi yenom n-yetso maleh-ho k-yeedloo

I didn't order this
Toto jsem si neobjednal (*man*)/neobjednala (*woman*)
toto yuhsem si ne-ob-yednal/ne-ob-yednala

May we have some more …?
Můžeme dostat více …?
moozhemeh dostat veetseh

The meal was very good, thank you
Jídlo bylo velmi dobré, děkuji
yeedlo bilo velmi dobreh d-yekoo-yi

THINGS YOU'LL HEAR

Bohužel, toto jídlo už nemáme
Sorry, this dish is not available

Budete si přát …?
Would you like to have …?

Co to bude?
What would you like?

Dobrou chuť!
Enjoy your meal!

Ještě pivo?
Another glass of beer?

Lituji, máme obsazeno
I am sorry, we are full up

Přáli jste si platit?
Did you ask for the bill?

Zavíráme, pánové!
Closing time, gentlemen!

MENU GUIDE

ananas	pineapple
anglická telecí játra	English-style calf's liver (quick-fried with streaky bacon)
anglický rostbíf	English-style roast beef
aperitiv	aperitif
banán	banana
bavorské vdolečky	doughnuts (with jam, cottage cheese or cream)
bažant	pheasant
bažant dušený na žampiónech	pheasant casserole with mushrooms
bažant na slanině	roast pheasant with bacon
Becherovka®	sweet herbal digestive liqueur
bez ledu	without ice
bezmasá jídla	meatless dishes
biftek s vejcem	steak with an egg
bílé víno	white wine
bomba Malakov	Bombe Malakoff (sponge-biscuit soaked in milk and rum, filled with butter cream)
boršč-ruská polévka	borshch (Russian-style beetroot and cabbage soup)
bramborák	potato pancake
bramborová kaše	mashed potatoes
bramborová polévka	potato soup
bramborové hranolky	chips
bramborové knedlíky	potato dumplings
bramborové knedlíky plněné uzeným	potato dumplings filled with smoked meat
bramborové knedlíky s cibulkou	potato dumplings with onions
bramborové placky	potato pancake
bramborové šišky	gnocchi (small flour and potato dumplings)
bramborový guláš	potato goulash
brambory	potatoes
broskev	peach
brynza	sheep's cheese
brynzové halušky	gnocchi (small flour and potato dumplings with sheep's cheese)

buchty	baked yeast dumpling filled with cottage cheese, jam, apples or plums
burské oříšky	peanuts
celer	celery
celerový salád	celeriac salad
chřest	asparagus
cibule	onions
cibulová omáčka	onion sauce
cikánská hovězí pečeně	gipsy-style beef (beef larded with bacon fat, stewed with onion, mushrooms, peppers, smoked sausage, tomatoes)
citrón	lemon
cukr	sugar
cukroví	biscuits
čaj	tea
čaj s mlékem	tea with milk
černá káva	black coffee
čerstvý	fresh
červené víno	red wine
červená řepa	beetroot
česnek	garlic
česneková omáčka	garlic sauce
česneková polévka	garlic soup
čočka	lentils
čočka s vejcem	boiled lentils with a fried egg
čočka vařená	boiled lentils
čočková polévka	lentil soup
čočková polévka sa párkem	lentil soup with sausage
čokoláda	chocolate (confectionery)
čokoládový krém se šlehačkou	chocolate cream dessert with whipped cream
dančí hřbet na smetaně	saddle of venison in cream sauce
dančí roštěná	sirloin of venison
daněk	venison
datle	dates
divoký kanec	wild boar
divoký králík na česneku	wild rabbit with garlic
divoký králík na smetaně	wild rabbit in cream sauce
do krvava	rare
domácí	home-made

domácí pečená klobása	home-made grilled smoked sausage
dort	cream cake
dršťková polévka	tripe soup with paprika
dršťky na paprice	tripe in paprika sauce
drůbež	poultry
drůbková polévka	giblet soup
drůbky	giblets (in soup)
dukátové buchtičky s vanilkovým krémem	tiny doughnuts with vanilla cream
dušená kapusta	stewed curly kale
dušené hovězí maso	beef stew
dušené telecí maso	veal stew
dušené vepřové maso	pork stew
dušený	stewed
džem	jam
džus	juice
fazole	beans
fazole na kyselo	sour beans (beans boiled in water, thickened with flour and seasoned with vinegar)
fazolkový salát	French bean salad
fazolová polévka	bean soup
Fernet Stock®	bitter digestive liqueur
fíky	figs
francouzské brambory	French potatoes (boiled potatoes baked with onion and smoked sausage)
guláš	goulash
guláš z dančího masa	venison goulash
guláš z husích žaludků	goulash made with goose's stomach
gulášová polévka	goulash soup (made with meat and spices)
hašé	minced beef, hash
hašé z telecího masa	minced veal, hash
hlávkové zelí	cabbage
hlávkový salát	lettuce
hlávkový salát s kyselým mlékem	lettuce with a sour milk dressing
hlávkový salát se slaninou	lettuce with a vinegar dressing and small pieces of fried bacon
hlávkový salát s kyselou smetanou	lettuce with sour cream
hodně vypečený	well done

holub	pigeon
horké kakao	hot chocolate
horký	hot
hořčice	mustard
houbová omáčka	mushroom sauce
houby	mushrooms
houskové knedlíky	bread dumplings
hovězí (maso)	beef
hovězí dušené na hřibkách	beef stew with mushrooms
hovězí dušené v mrkvi	beef stew with carrots
hovězí guláš	beef goulash
hovězí játra na slanině	calf's liver stewed with onions and bacon
hovězí maso s houbovou omáčkou	boiled beef in mushroom sauce
hovězí maso s koprovou omáčkou	boiled beef in dill sauce
hovězí maso s rajskou omáčkou	boiled beef with tomato sauce
hovězí pečené na houbách	stewed beef with mushrooms
hovězí pečeně na paprice	stewed beef with paprika
hovězí pečeně na víně	stewed beef in wine sauce
hovězí polévka se žemlovým svítkem	meat broth with bread omelette
hovězí polévka	beef broth
hovězí polévka s knedlíčky	beef broth with dumplings
hovězí polévka s masovými knedlíčky	meat broth with meatballs
hovězí polévka s noky	beef broth with gnocchi (small flour and potato dumplings)
hovězí polévka s rýží	beef broth with rice
hovězí tokáň	beef stewed in wine and tomato purée
hovězí vývar s nudlemi	beef broth with vermicelli
hrách	peas
hrách s kyselým zelím	peas and sauerkraut
hrachová kaše	boiled peas with pieces of bacon
hrachová kaše s cibulkou	boiled peas with fried onions
hrachová polévka s uzeným masem	pea soup with smoked meat
hráškový krém	cream of pea soup
hroznové víno	grapes
hruška	pear
hříbky s vejci	baked mushrooms with eggs
humr	lobster
husa	goose
husí játra pečená na cibuli	fried goose liver with onions
husí játra s jablky	fried goose liver with apples

husí játra smažená	goose liver fried in breadcrumbs
husí prsa nebo stehýnka na česneku	breast or leg of goose with garlic
husí žaludky zadělávané	goose stomach in white sauce
chléb	bread
chlupaté knedlíky se zelím	Bohemian potato dumplings with cabbage (dumplings made from a mixture of raw grated potatoes, flour and egg)
chuťovky	savouries
játra	liver
játrová omáčka	liver sauce
jablko	apple
jablková žemlovka	dessert made from baked apples, bread, cottage cheese and raisins
jablkový závin	apple strudel
jahody	strawberries
jarní míchaný salád	mixed fresh vegetable salad
jaternicová polévka	soup with black pudding
jednotlivá jídla	à la carte
jehněčí maso	lamb
jelení hřbet přírodní	saddle of venison
jelení maso	venison
jídla na objednávku	meals made to order
kachna	duck
kachna pečená	roast duck
kachna s pomerančem dušená v papilotě	duck in orange sauce en papillote
kachna v šouletu	duck in a purée made from peas and pearl barley
kakao	hot chocolate or cocoa
kančí (maso)	wild boar
kančí filé	roast fillet of wild boar
kančí kýta s brusinkovou omáčkou	boiled leg of wild boar with cranberry sauce
kapr	carp
kapr na kmíně	carp baked with caraway seeds
kapr na modro	carp cooked in fish stock with wine and spices and served with hot butter
kapr pečený	baked carp
kapr na rožni	carp on a skewer

kapr smažený	fried carp
kapusta	curly kale
kapustové karbenátky	fried minced meat with curly kale
karotka	carrots
kaše	buckwheat cereal similar to porridge
káva	coffee
káva se smetanou	coffee with cream
kaviár	caviar
kedlubny	kohlrabi
Klaštorné červené®	medium-dry red wine
klobása	smoked sausage
klopsy na smetaně	stewed meatballs with cream sauce
kmínová polévka s vejcem	caraway seed soup with egg
knedlíky	dumplings
knedlíky s vejci	dumplings with egg
koblihy	doughnuts
koláč	pie
koláčky	small sweet pies or tartlets
koňak	cognac
koprová omáčka	dill sauce
koroptev pečená na slanině	roast partridge with bacon
krém	cream or custard
krocan	turkey
krocan pečený na slanině	roast turkey with bacon
krocan s kaštanovou nádivkou	roast turkey stuffed with chestnuts
krupicová kaše	semolina purée
krupicové noky	semolina dumplings
krupicový nákyp	semolina pudding
křehký koláč s jablky	apple pie
křenová šlehačka	horse-radish sauce
kuře	chicken
kuře na paprice	chicken in paprika, onion and cream sauce
kuře na rožni	chicken on a skewer
kuře na způsob bažanta	roast chicken with bacon and spices
kuřecí prsíčka s masitou náplní	breast of chicken stuffed with mixture of veal and ham, wrapped in bacon and roasted
kůzle pečené	roast kid
květák	cauliflower
květák s vejci	cauliflower with eggs

kynuté knedlíky	dumplings made from yeast dough filled with jam
kyselé zelí	sauerkraut
lečo s klobásou	green or red peppers stewed with onion, tomato and smoked sausage
lečo s vejci	green or red peppers stewed with onion, tomato and eggs
likér	liqueur
limonáda	lemonade
lískové ořechy	hazelnuts
lívance	pancakes with jam
losos	salmon
luštěninová jídla	dishes containing beans or pulses
majonéza	mayonnaise
makrela na žampionech	stewed mackerel with mushrooms
maliny	raspberries
máslo	butter
maso	meat
masová směs na roštu	mixed grill (grilled slices of fillet of beef, veal and pork, calf's or pig's kidney, smoked sausage and ham)
Mattoniho kyselka®	brand of mineral water
menu	table d'hôte, set menu
meruňky	apricots
míchaná vejce na cibulce	scrambled eggs with onion
míchaná zelenina	boiled mixed vegetable
minerálka	mineral water
minerální voda	mineral water
minutky	fast meals to order
mléko	milk
moravský vrabec	'Moravian Sparrows' (pieces of pork sprinkled with caraway seeds and roasted)
mořské ryby	salt-water fish
moučník	dessert
mouka	flour
Muller Thurgau®	medium-dry white wine
na jehle	on a skewer
na roštu	grilled
nanukový dort	ice-cream gâteau

MENU GUIDE

nápojový lístek	list of drinks
ne moc vypečený	medium-rare
nealkoholické nápoje	soft drinks
nešumivá minerálka	still mineral water
noky	gnocchi (small flour and potato dumplings)
nudle	noodles
nudle s mákem	boiled noodles with poppy seeds
nudle s tvarohem a cukrem	boiled noodles with cottage cheese and sugar
nudlový nákyp s tvarohem	noodle pudding baked with cottage cheese
oběd	lunch
obložený biftek se smaženým vejcem	beef steak with an egg and garnish
obložený chlebíček	open sandwich, canapé
ocet	vinegar
okurky	cucumbers
okurkový salád	cucumber salad
okurkový salát se smetanou	cucumber salad with cream
omáčka	sauce
omeleta	omelette
omeleta s drůbežími játry	omelette with poultry liver
omeleta s hráškem	omelette with green peas
omeleta se šunkou	omelette with ham
omeleta se zavařeninou	omelette with jam
opékané brambory	fried potatoes
ovarové vepřové koleno	boiled pig's knuckle
ovoce	fruit
palačinky se zavařeninou	pancakes with jam
párek	sausage, frankfurter
párek s hořčicí	sausage with mustard
párek v rohlíku	hot dog
párek smažený v těstíčku	sausage fried in egg batter
paprika	pepper (green or red)
paprikový salád	salad of green or red peppers with onion, oil and vinegar
pařížský krém	whipped cream and chocolate cream
paštika z bažantů	pheasant pâté
paštika z husích jater	goose-liver pâté
pečená husa	roast goose
pečená šunka s vejci	ham and eggs

pečené hovězí maso	roast beef
pečené kuře s nádivkou	roast stuffed chicken
pečený	roast, baked or grilled
pepř	pepper
perlička pečená na slanině	roast guinea fowl with bacon
pikantní závitek	rolled-up slices of beef stuffed with bacon, ham and gherkins
pivo	beer
plněná kapusta	curly kale leaves stuffed with minced meat and stewed
plněná paprika	stewed stuffed green or red peppers
plněné rajče zapečené	stuffed tomato au gratin
plněné žampióny	stuffed mushrooms au gratin
plněný telecí řízek	stuffed veal steak
plzeňská pivní polévka	Pilsen-style beer soup
polévka	soup
pórek	leek
pórková polévka s vejcem	leek soup with egg
pomeranč	orange
pomerančová šťáva	orange juice
poulard dušený v rýži	stewed poulard with rice
povidla	home-made thick plum jam
povidlové taštičky	small potato and cottage cheese dough parcels filled with plum jam
pražské telecí hrudí	Prague-style breast of veal (stuffed with a mixture of scrambled eggs and ham, green peas, whipped cream and roasted with butter)
přesnídávka	mid-morning snack
přesnídávková polévka	thick soup (eaten as a meal in itself)
přílohy	side dishes
přírodní hovězí pečeně	beef larded with bacon fat and stewed with onion
přírodní roštěná	sirloin larded with bacon fat and stewed with onion
přírodní vepřové žebírko	grilled pork chop
pstruh na smetaně	poached trout in cream
pstruh s máslem	grilled trout with herb butter
pšeničný chléb	white bread
ragú	ragoût

rajčatový salát	tomato salad
rajská jablíčka	tomatoes
rajská omáčka	tomato sauce
rajská polévka	tomato soup
restovaná telecí játra	roast calf's liver with onion and spices
rohlík	roll
roštěná na paprice	stewed sirloin with paprika
roštěná přírodní na roštu	grilled sirloin steak
roštěná se šunkou a vejcem	stewed sirloin with ham and egg
Rulandské bílé*	light, slightly sweet white wine
rybí filé na másle	fish fillet in butter
rybí filé na roštu	grilled fish fillet
rybí polévka z kapra	carp soup
rybíz	currants
ryby	fish
rýže	rice
rýže dušená	stewed rice
rýžová kaše	rice purée (savoury dish similar to porridge in consistency)
rýžový nákyp s jablky	rice pudding with apples
řízek	fillet
s ledem	with ice
s octem	in vinegar
salát	salad
salát z červeného zelí	red cabbage salad
salát z fazolových lusků	French bean salad
salát z kyselého zelí	sauerkraut salad
salát z rajčat	tomato salad
segedínský guláš Szeged	pork goulash (stewed with onion, paprika and sauerkraut)
sekaná pečeně	meat loaf (made from minced beef and pork, eggs and bacon roasted in lard)
sekaná svíčková	meat loaf in cream sauce
sekané maso	minced meat
sekaný	chopped
selská pečeně	peasant-style saddle of pork (roasted with garlic, salt and onion)
selská polévka	peasant-style soup (with noodles, mushrooms, milk and pepper)
selské jaternice	peasant-style white pudding

skopová kýta na česneku	leg of mutton with garlic
skopová kýta na divoko	leg of mutton larded with bacon fat and stewed with onion and root vegetables in red wine
skopová kýta na smetaně	leg of mutton in cream sauce
skopové (maso)	mutton
skopové na majoránce	mutton with marjoram
skopové ragů	mutton ragoût
sladkovodní ryby	freshwater fish
sladký	sweet
slanina	bacon
sled'	herring
sled' vařený s křenovou omáčkou	herring in horse-radish sauce
slepice	chicken
slepice na paprice	chicken in paprika and cream sauce
slepice na slanině	chicken with bacon
slepice v nudlové polévce	chicken noodle soup
slepičí vývar s nudlemi	chicken broth with vermicelli
slivovice	strong plum brandy
sluka	snipe
smažená vejce	fried eggs
smažená telecí játra	fried calf's liver in breadcrumbs
smažené bramborové hranolky	chips
smažené bramborové lupínky	crisps
smažené kuře	fried chicken
smažené kůzle nebo jehně	fried kid or lamb in breadcrumbs
smažené rybí filé	fried fillet of fish
smažené telecí hrudí	fried breast of veal
smažené telecí maso	fried veal
smažené telecí žebírko	veal chop fried in breadcrumbs
smažené vepřové maso	fried pork
smažený	fried, fried in breadcrumbs
smažený karbanátek	fried meatballs
smažený květák	fried cauliflower
smažený sýr	fried cheese in breadcrumbs
smažený telecí brzlík	fried calf's sweetbread
smažený vepřový jazýček	fried pig's tongue
smažený vepřový řízek	pork steak fried in breadcrumbs
smetana	cream, full-cream milk
snídaně	breakfast
sodová voda	soda water

MENU GUIDE

srnčí (maso)	venison
srnčí hřbet přírodní	saddle of venison
srnčí kýta na smetaně	leg of venison in cream sauce
srnčí ragů na víně	venison ragoût with wine
studené předkrmy	hors d'oeuvres, starters
studený	cold
sůl	salt
šumivá minerálka	fizzy mineral water
svařené víno	hot wine with lemon and spices
svíčková pečeně na smetaně	fillet of beef with cream sauce
svíčkové řezy se šunkou a vejcem	fillet steaks with ham and eggs
svíčkové řezy s husími játry	fillet steaks with goose liver
sýr	cheese
šampaňské	champagne
škubánky s mákem	potato dumplings with poppy seeds and sugar
šlehačka	whipped cream
španělský ptáček	stewed beef roll with sausage, cucumber, onion and egg
špekové knedlíky	bread and bacon dumplings
špenát	spinach
špikovaná telecí kýta	fried larded leg of veal
štika na pivě	pike in beer
šunka	ham
šunka po cikánsku	gipsy-style ham with bacon, potatoes, onion, mushrooms and paprika
svačina	snack between main meals
švestkové knedlíky	plum dumplings
švestky	plums
telecí (maso)	veal
telecí droby	calf's liver, kidneys and tongue
telecí dušené s hráškem	veal stew with peas
telecí filé se šunkou a chřestem	veal fillet with ham and asparagus
telecí filé s husími játry	veal fillet with goose liver
telecí hrudí nadívané	stuffed breast of veal
telecí kolínko na způsob bažanta	calf's knuckle stewed with spices
telecí kýta na smetaně	leg of veal with cream sauce
telecí ledvinka pečená	roast calf's kidneys
telecí medailonky	veal medallions
telecí mozeček s vejci	fried calf's brains with eggs

telecí maso na houbách	veal stew with mushrooms
telecí na kmíně	veal stew with caraway seeds
telecí na paprice	veal in paprika sauce
telecí pečeně	roast veal
telecí perkelt	stewed veal in paprika sauce
telecí plíčky na smetaně	calf's lung with cream sauce
telecí řízek přírodní	veal steak
telecí řízek smažený	veal steak fried in breadcrumbs
telecí srdce na smetaně	calf's heart in cream sauce
telecí žebírko na žampiónech	veal chop with mushrooms
teplá šunka	boiled ham (served hot)
teplé předkrmy	entrées
teplý	hot or warm
těstoviny	noodles
topinky s česnekem	toasted rye bread rubbed with garlic
treska na roštu	grilled cod
treska s hořčicovou omáčkou	stewed cod in mustard sauce
trhanec s malinovou šťávou	pancakes with raspberry syrup
třešně	cherries
třešňová bublanina	sponge-biscuit with cherries
tvaroh	cottage cheese
tvarohová žemlovka	sweet pudding made from white bread and cottage cheese
tvarohové knedlíky	cottage cheese dumplings
tvarohové palačinky	cottage cheese pancakes
uzené maso vařené	boiled smoked meat
uzené vepřové maso	smoked pork
uzeniny	smoked meats
uzený hovězí jazyk	smoked ox tongue
uzený úhoř	smoked eel
vaječná jídla	egg dishes
vanilková zmrzlina	vanilla ice cream
vařené	boiled
vařené brambory	boiled potatoes
vařené hovězí maso	boiled beef
vařené telecí maso	boiled veal
vařená vejce	boiled eggs
vařené vepřové maso	boiled pork
večeře	supper
vejce	egg
vejce na měkko	soft-boiled egg

vejce na tvrdo	hard-boiled egg
veka	white French-style bread
vepřenky	grilled minced pork with onion and mustard
vepřové dušené v kedlubnách	pork stewed with kohlrabi
vepřová játra pečená na cibulce	fried pig's liver and onion
vepřová krkovička po selsku	peasant-style neck of pork rubbed with garlic and salt and roasted with onion
vepřová kýta na paprice	stewed leg of pork with paprika
vepřová kýta na smetaně	stewed leg of pork in cream sauce
vepřová pečeně	roast pork
vepřová žebírko přírodní	stewed rib of pork
vepřové na kmíně	pork stew with caraway seeds
vepřové (maso)	pork
vepřové játra na cibulce	pig's liver stewed with onion
vepřové maso uzené	smoked pork
vepřové pličky na smetaně	pig's lungs in cream sauce
vepřové ražniči	pork on skewer with bacon and onions
vepřové žebírko na kmíně	stewed rib of pork with caraway seeds
vepřový bůček nadívaný	stuffed side of pork
vepřový guláš	pork goulash
vepřový jazyk na bylinkách	pig's tongue stewed with herbs
vepřový mozeček s vejci	fried pig's brains with eggs
vepřový ovar	boiled pig's head and liver
videňský telecí řízek	fried veal fillet in breadcrumbs
víno	wine
višně	morello cherries
voda	water
voda s ledem	water with ice
zadělávaná karotka	carrot in white sauce
zadělávaná slepice	chicken in white sauce (boiled with vegetables, green peas and with cream added to the sauce)
zadělávané	in white sauce
zadělávané dršťky	tripe in white sauce
zadělávané kedlubny	kohlrabi in white sauce
zajíc	hare
zajíc na černo	stewed hare in thick, dark, sweet and sour sauce

zajíc na divoko	saddle and legs of hare larded with bacon fat and cooked with onion and root vegetables in red wine
zajíc na smetaně, přírodní	hare in cream sauce
zapečená šunka s vejci	ham and eggs
zapékané brambory se sýrem	potatoes baked with cheese
zapékané nudle	baked noodles with cheese and egg
zastřené vejce	poached egg
zavařenina	preserves, jam
zelenina	vegetables
zeleninová jídla	vegetable dishes
zeleninová polévka	vegetable soup
zeleninové rizoto	stewed rice with vegetables
zeleninový řízek	fried vegetable rissole
zelený hrášek	green peas
zelná polévka	cabbage soup
zelná polévka s klobásou	cabbage soup with smoked sausage
zmrzlina	ice cream
zmrzlinový pohár	sundae
znojemská roštěná	Znojmo-style sirloin (fried, then stewed with onions)
zvěřina	game
žampióny	mushrooms
žemlovka	pudding made from white bread, apples, cinnamon, eggs and milk
žitný chléb	rye bread

SHOPPING

The usual opening hours are from 8 am to 6 pm and some shops are closed for lunch from 12-2 pm. The majority of shops close at midday on Saturdays. The main state-run shops are:

BOHEMIA – which sells Czech crystal and cut glass.
PRIOR – is the name of the main chain of department stores.
UVA – which sells cheap, attractive and good-quality souvenirs.
VEČERKA – which sells basic foodstuffs, soft drinks and alcohol in the evening and on Sunday morning.

One Czech 'shopping' tradition is to go to a pub with your own jug to get it filled with two or three pints of draught beer to take home. There are usually fruit and vegetable markets held in summer in most towns. Private enterprises are springing up fast, especially small galleries owned by groups of independent artists – a major attraction for visitors from abroad.

USEFUL WORDS AND PHRASES

baker's	pekařství	*pekarzhstvee*
bookshop	prodejna knih	*prodayna kniн*
butcher's	řeznictví	*rzheznitsvee*
buy	kupovat	*kupovat*
cake shop	cukrárna	*tsukrahrna*
cheap	levný	*levnee*
chemist's	lékárna	*lehkahrna*
department store	obchodní dům	*opнodnee doom*
fashion	móda	*mawda*
fishmonger's	rybárna	*ribahrna*
florist's	květinářství	*kv-yetinahrzhstvee*
go shopping	jít nakupovat	*yeet nakoopovat*
grocer's	Potraviny	*potravini*

ironmonger's	železářství	*zhelezahrzhstvee*
menswear	pánské oblecční	*pahnskeh oblechenee*
newsagent's	noviny časopisy	*novini chasopisi*
receipt	paragon	*paragon*
record shop	obchod s	*opHot*
	gramofonovými	*zgramofonoveemi*
	deskami	*deskami*
sale	výprodej	*veeproday*
shoe shop	prodejna obuvi	*prodayna obuvi*
shop	obchod	*opHot*
shop assistant		
(*man*)	prodavač	*prodavach*
(*woman*)	prodavačka	*prodavachka*
souvenir shop	suvenýry	*suveneeri*
special offer	zvláštní nabídka	*zvlahshtnee nabeetka*
spend	utratit	*utratit*
stationer's	papírnictví	*papeernitstvee*
supermarket	(velká) samoobsluha	*velkah samo-opsluha*
tailor	krejčí	*kraychee*
till	pokladna	*pokladna*
toy shop	hračkárství	*hrach-kahrzh-stuhvee*
travel agency	cestovní	*tsestovnee*
	kancelář	*kantselahrzh*
women's wear	dámské	*dahmskeh*
	oblečení	*oblechenee*

I'd like …
Rád (*man*)/ráda (*woman*) bych …
raht/rahda biH

Do you have …?
Máte …?
mahteh

How much is this?
Kolik to stojí?
kolik to sto-yee

Where is the ... department?
Kde je oddělení ...?
gdeh yeh od-yelenee

Do you have any more of these?
Mate toho více?
mahteh toho veetseh

I'd like to change this, please
Chtěl (*man*)/chtěla (*woman*) bych to vyměnit, prosím
нt-yel/нt-yela biн to vim-yenit prosseem

Have you anything cheaper?
Máte něco levnějšího?
mahteh n-yetso levn-yaysheeho

Have you anything larger/smaller?
Máte něco většího/menšího?
mahteh n-yetso v-yetsheeho/mensheeho

Does it come in other colours?
Máte jiné barvy?
mahteh yineh barvi

Could you wrap it for me?
Můžete mi to zabalit?
moozheteh mi to zabalit

Can I have a receipt?
Mohu dostat paragon?
mo-hu dostat paragon

Can I have a bag, please?
Mohu dostat sáček, prosím?
mo-hu dostat sahchek prosseem

Can I try it/them on?
Mohu si to/je vyzkoušet?
mo-hu si to/jeh viskohshet

Where do I pay?
Kde mohu zaplatit?
gdeh mo-hoo zaplatit

Can I have a refund?
Mohu dostat zpátky peníze?
mo-hu dostat spahtki peneezeh

I'm just looking
Jenom se dívám
yenom seh deevahm

I'll come back later
Ještě se vrátím
yesht-yeh seh vrahteem

THINGS YOU'LL SEE

antikvariát	secondhand bookshop
cena	price
cestovní kancelář	travel agency
cukrárna	confectioner's, cake shop
ČEDOK	Czech travel agency
čistírna	dry cleaner's
dámské oděvy	women's clothes
drogerie	chemist's
galanterie	haberdashery, fashion accessories
hračky	toys
chléb-pečivo	bread and biscuits
inventura	closed for stocktaking
knihy	books
kožešnictví	fur shop
květinářství	florist's
květiny	flowers
lahůdky	delicatessen

→

letní výprodej	summer sale
levné zboží	low-priced goods
lékárna	pharmacy
maso-uzeniny	meat products
mléčné výrobky	dairy products
mlékárna	dairy shop
móda	fashion
noviny-časopisy	newspapers and magazines
obchodní dům	department store
obuv	footwear
oddělení	department
oděvy	clothes
ovoce-zelenina	fruit and vegetables
papírnictví	stationer's
pánské odevy	men's clothes
pekařství	baker's shop
potraviny	groceries
prádelna	laundry
prodat	sell
prodejna	shop
přejímka zboží	closed for deliveries
přízemí	ground floor
půjčovna aut	rent-a-car
řezník	butcher
samoobsluha	self-service restaurant, supermarket
snížení	reduction
sporitelna	savings bank
stánek	kiosk
tabák	tobacco
vedoucí	manager
záloha	deposit
zelenina	vegetables

THINGS YOU'LL HEAR

Bude to všechno?
Will there be anything else?

Lituji, nemáme
I'm sorry, we're out of stock

Máte nějaké menší peníze?
Have you got any smaller money?

Obsluhuje vás někdo?
Are you being served?

Prosím vezměte si košík
Please take a basket

Prosím nedotýkejte se
Please do not touch

To je všechno, co máme
This is all we have

AT THE HAIRDRESSER

There are no unisex hairdressers', but women and children often prefer to go to a men's hairdresser's as there is no need to make an appointment, and service is generally much cheaper and quicker – whereas it is nearly always necessary to make an appointment at a women's hairdresser's. Service is usually good and prices are relatively low but, unless you visit one of the few luxury salons, you may not be able to obtain the latest hair treatment. A tip of 10–15 per cent is usual.

USEFUL WORDS AND PHRASES

beard	vousy	*vohsi*
blond	blond	*blont*
brush	kartáč	*kartahch*
comb	hřeben	*huh-rzheben*
conditioner	regenerační přípravek na vlasy	*regenerachnee przheepravek na vlasi*
curlers	natáčky	*natahchki*
curling tongs	kulma	*kulma*
curly	kudrnatý	*kudurhnatee*
dark	tmavý	*tmavee*
fringe	ofina	*ofina*
gel	gel	*gel*
hair	vlasy	*vlasi*
haircut	ostříhání	*ostrzheehahnee*
hairdresser's		
(**women's**)	kadeřnictví	*kaderzh-nitstvee*
(**men's**)	holičství	*ноlichstvee*
hair dryer	fén	*fehn*
highlights	melír	*meleer*
long	dlouhý	*dloh-hee*
moustache	knír	*kneer*
parting	pěšinka	*p-yeshinka*

perm	trvalá	*tuhrvalah*
shampoo	šampon	*shampon*
shave	holení	*holenee*
shaving foam	pěna na holení	*p-yena na holenee*
short	krátký	*krahtkee*
styling mousse	tužidlo	*tuzhidlo*
wavy	vlnitý	*vlnitee*

I'd like to make an appointment
Rád bych se objednal *(man)*/ráda bych se objednala *(woman)*
raht biн seh ob-yednal/rahda biн seh ob-yednala

Just a trim, please
Jenom zastřihnout, prosím
yenom zastrzhih-noht prosseem

Not too much off
Zkrátit ale ne moc
skrahtit ale neh mots

A bit more off here, please
Tady trochu více zkrátit
tadi troнu veetseh skrahtit

I'd like a cut and blow-dry
Prosím ostříhat a vyfoukat
prosseem ostrzheehat a vifohkat

I'd like a perm
Prosím trvalou
prosseem tuhrvaloh

I'd like highlights
Prosím melír
prosseem meleer

THINGS YOU'LL SEE

ceník holičskych prací	price list (men's hairdresser's)
ceník kadeřnických prací	price list (women's hairdresser's)
dámsky salón	women's salon
holič	men's hairdresser
kadeřník	hair stylist, hairdresser
natočit	set
oholení	shave
přeliv	tint
suchý	dry
trvalá	perm
umytí	wash
umýt a natočit	wash and set
vyfoukat	blow-dry

THINGS YOU'LL HEAR

Chcete nějaký regenerátor?
Would you like any conditioner?

Jak to chcete?
How would you like it?

Je to dost krátké?
Is that short enough?

SPORT

Skiing is a popular and traditional sport and the skiing season
often extends well into spring. The Czech Republic has many
areas suitable for skiing – the best resorts are in the Krkonose
Mountains. Walking and mountaineering are equally popular
and there are another half a dozen smaller but quieter
mountain ranges for these pursuits. The Czech Republic
abounds with lakes, rivers and reservoirs which are ideal for
fishing – for which permits can be easily obtained through
travel agencies. Swimming and windsurfing are the most
popular watersports and, although it has no coastline, the
Czech Republic has a number of large artificial lakes.

Golf is increasing in popularity but there are few golf courses
available. Tennis courts are growing in number and can be
found almost everywhere.

USEFUL WORDS AND PHRASES

athletics	atletika	*atletika*
badminton	bedminton	*bedminton*
ball	míč	*meech*
bicycle	kolo	*kolo*
canoe	kanoe	*kano-eh*
canoeing	kanoistika	*kano-istika*
deck chair	rozkládací lehátko	*rosklahdatsee lehahtko*
diving board	skákací prkno	*skahkatsee puhrkno*
fishing	rybaření	*ribarzhenee*
fishing rod	rybářsky prut	*ribahrzhskee proot*
football *(ball)*	fotbalový míč	*fotbalovee meech*
football match	fotbalový zápas	*fotbalovee zahpas*
golf	golf	*golf*
golf course	golfové hřiště	*golfoveh huh-rzhisht-yeh*
gymnastics	gymnastika	*gimnastika*
hockey	hokej	*hokay*
jogging	kondiční běh	*kondichnee b-yeн*

lake	jezero	*yezero*
mountaineering	horolezectví	*horolezetstvee*
pass *(for skilift)*	permanentka na vlek	*permanentka na vlek*
racket	raketa	*raketa*
riding	jízda na koni	*yeezda na koni*
rowing boat	veslice	*veslitseh*
run	běhat	*b-yehat*
sailboard	mala plachětnice	*malah plaнetnitseh*
sailing	plachtení	*plaнt-yenee*
sand	písek	*peesek*
sea	moře	*morzheh*
skate *(verb)*	bruslit	*brooslit*
skates	brusle	*broosleh*
ski *(verb)*	lyžovat	*lizhovat*
ski-hoist	lyžařský vlek	*lizharzhskee vlek*
skiing *(downhill)*	sjezd	*s-yest*
(cross-country)	běh na lyžích	*byeн na lizheeн*
skiing equipment	lyžařská výstroj	*lizharzhskah veestroy*
ski lift	lyžařský vlek	*lizharzhskee vlek*
ski poles	lyžařské hole	*lizharzhskeh holeh*
skis	lyže	*lizheh*
ski wax	vosk na lyže	*vosk na lizheh*
stadium	stadion	*stadi-awn*
sunshade	slunečník	*slunechneek*
swim	plavat	*plavat*
swimming pool	plavecký bazén	*plavetskee bazehn*
tennis	tenis	*tenis*
tennis court	tenisový kurt	*tenisovee kurt*
tennis racket	tenisová raketa	*tenisovah raketa*
tent	stan	*stan*
volleyball	volejbal	*volaybal*
walking	chůze	*нoozeh*
water-skiing	vodní lyžování	*vodnee lizhovahnee*
water skis	vodní lyže	*vodnee lizheh*

wave	vlna	*vuhlna*
wet suit	gumový oblek pro potápěče	*goomovee oblek pro potahp-yecheh*
yacht	jachta	*yaнta*

Where can I hire …?
Kde si mohu pronajmout …?
gdeh si mo-hu pronɪmoht

Where can I buy skiing equipment?
Kde mohu koupit lyžařskou výstroj?
gdeh mo-hu kohpit lizharzhskoh veestroy

Can you recommend a good place to ski?
Můžete mi doporucit dobrý terén na lžování?
moozheteh mi doporuchit dobree terehn na lizhovahnee

Is there a ski lift?
Je tam lyžařský vlek?
yeh tam lizharzhskee vlek

How much is a daily/weekly pass for the ski lift?
Kolik stojí denní/týdenní permanentka na vlek?
kolik sto-yee denee/teedenee permanentka na vlek

How much does it cost per hour/day?
Kolik to stojí na hodinu/na den?
kolik to sto-yee na hodinoo/na den

How deep is the water here?
Jak je tady hluboko?
yak yeh tadi hlooboko

Is there an indoor/outdoor pool here?
Je tady krýt/otevřený bazén?
yeh tadi kritee/otev-rzhenee bazehn

Is it safe to swim here?
Je bezpečné tady plavat?
yeh bespechneh tadi plavat

Can I fish here?
Mohu tady chytat ryby?
mo-hu tadí Hitat ribi

Do I need a licence?
Potřebuji rybářský lístek?
potrzhebu-yi ribahrzhskee leestek

THINGS YOU'LL SEE

bazén	swimming pool
dostihová drahá	racecourse
fotbalové hřiště	football pitch
Horská služba	mountain rescue service
jízdní kola	bicycles
koupaliště	swimming pool
k pronajmutí	for hire
nebezpečí lavin	danger of avalanches
první pomoc	first aid
půjčovna loděk	rowing boats for hire
půjčovna lyží	skis for hire
rybářský lístek	fishing permit
rybník	fish pond
sjezdovka	downhill course
sportovní potřeby	sporting facilities
stadión	stadium
stezka pro cyklisty	cycle path
tenisový kurt	tennis court
turistická stezka	tourist path
vstupenka	ticket
zákaz koupání	no swimming
zákaz rybaření	no fishing
zákaz vycházení	do not leave the chalet

POST OFFICES AND BANKS

Post offices are easily recognized by their orange sign and the word **POŠTA**, and letter boxes are also orange. Inland letters take about 2–3 days to reach their destination and airmail letters about a week. If you wish to send a registered letter **doporučený dopis** (*doporuchenee dopis*), you will have to fill in a simple form and keep it as proof of postage. Money can be sent within the country with a money order **poštovní poukázka** (*poshtovnee pohkahska*) – you need to fill in the exact sum and the addresses of both the sender and addressee.

You will find a **Telefon-Telegramy** counter at most post offices – telegrams can be sent from here and international phone calls can be booked (see Communications p. 92). Fax is available in main post offices. Stamps are also widely sold at tobacconist's and newspaper kiosks (the abbreviation **PNS** stands for **Poštovní a novinová služba** (Mail and Newspaper Service).

Money can be exchanged in banks and travel agencies, which have the same opening hours as shops on weekdays and Saturday mornings, as well as in large hotels and airports.

The official currency is the crown **koruna** (*koroona*), which is abbreviated to **Kč**; one **koruna** is made up of 100 hellers **halíř** (*haleerzh*) which is abbreviated to **hal**.

USEFUL WORDS AND PHRASES

airmail	letecká pošta	*letetskah poshta*
bank	banka	*banka*
banknote	bankovka	*bankofka*
change *(verb)*	směnit	*sm-yenit*
cheque	šek	*shek*
collection	vybírání	*vibeerahnee*
counter	přepážka	*przhepahshka*
customs form	celni formulář	*tselnee formoolahrzh*
delivery	doručení	*doroochenee*
deposit	vklad	*fklat*

exchange rate	devizový kurs	*devizovee kurs*
first class	expres	*ekspres*
form	formulář	*formu-lahrzh*
international money order	mezinárodní poštovní poukázka	*mezinahrodnee poshtovnee pohkahska*
letter	dopis	*dopis*
letter box	schránka na dopisy	*sнrahnka na dopisi*
mail *(noun)*	pošta	*poshta*
money order	poštovní poukázka	*poshtovnee pohkahska*
parcel	balík	*baleek*
post *(verb)*	poslat	*poslat*
postage rates	poštovné	*poshtovneh*
postcard	pohlednice	*pohlednitseh*
postcode	poštovní směrovací číslo	*poshtovnee sm-yerovatsee cheesslo*
poste restante	poste restante	*poste restante*
postman	listonoš	*listonosh*
post office	pošta	*poshta*
pound sterling	libra šterlinků	*libra shterlinkoo*
registered letter	doporučený dopis	*doporoochenee dopis*
stamp	poštovní známka	*poshtovnee znahmka*
surface mail	obyčejná pošta	*obichaynah poshta*
traveller's cheque	cestovní šek	*tsestovnee shek*

How much is a letter/postcard to …?
Kolik stojí dopis/pohlednice do …?
kolik sto-yee dopis/pohlednitseh do

I would like three one-crown stamps
Chtěl *(man)*/chtěla *(woman)* bych tři korunové známky
нt-yel/нt-yela biн trzhi korunoveh znahmki

I want to register this letter
Chci poslat tento dopis doporučeně
нtsi poslat tento dopis doporoochen-yeh

I want to send this parcel to …
Chci poslat tento balík do …
Htsi poslat tento baleek do

How long does the post to … take?
Jak dlouho jde pošta do …?
yak dloh-ho yuhdeh poshta do

Where can I post this?
Odkud mohu toto poslat?
otkut mo-hu toto poslat

Is there any mail for me?
Je tady pro mě nějaká pošta?
yeh tadi pro m-yeh n-yeh-yakah poshta

I'd like to send a fax
Rád (*man*)/ráda (*woman*) bych poslal/poslala fax
raht/rahda biH poslal/poslala fax

This is to go airmail
Toto bude letecky
toto budeh letetski

I'd like to change this into …
Rád (*man*)/ráda (*woman*) bych to směnil/směnila za …
raht/rahda biH to sm-yenil/sm-yenila za

Can I cash these traveller's cheques?
Můžete mi proplatit tyto cestovní šeky?
moozheteh mi proplatit tito tsestovnee sheki

What is the exchange rate for the pound?
Jaký je kurs libry?
yakee yeh koors libri

POST OFFICES AND BANKS

THINGS YOU'LL SEE

adresa	address
adresát	addressee
balík	parcel
balíková přepážka	parcels counter
doba vybírky	collection times
dopis	letter
doporučeně	by registered mail
expres	first class
jen do … kg	up to … kg only
kurs	exchange rate
kursovní lístek	list of exchange rates
kursy pro neobchodní platy	non-commercial exchange rates
kursy pro obchodní platy	business exchange rates
kursy pro turistiku	tourist exchange rates
letecká pošta	airmail
obyčejné poštovné	inland postage
odesílatel	sender
otevírací hodiny	opening hours
peněžní poukázka	money order
PNS	Mail and Newspaper Service
podací lístek	form for registered mail
pohlednice	postcard
poplatek	charge
pošta	post office
poštovné	postage
poštovní schránka	letter box
poštovní směrovací číslo (PSČ)	postcode
průvodka	form (accompanying parcel)
směnárna	bureau de change
vyplnit	to fill in
zahraniční	abroad
známka	stamp

COMMUNICATIONS

Telephones: Most public phone boxes in the Czech Republic are for both local calls as well as for long-distance calls. If you want to make a long-distance or international call from a post office, you should go to the **Telefon-Telegramy** counter. To book an international call you must give the number and leave a deposit, then you will be directed to a phone box and the operator will make the connection for you. In larger towns, the main post office stays open round the clock for telephone calls and telegrams.

In most towns, you can also make direct international calls from any private telephone or from your hotel.

The tones on Czech phones differ slightly from the English ones: dialling tone (. - .- .- .), ringing (- - - -), engaged (......).

USEFUL WORDS AND PHRASES

answering machine	telefonní záznamník	*telefonee zahznamneek*
call (*noun*)	telefonní hovor	*telefonee hovor*
(*verb*)	telefonovat	*telefonovat*
code	předčíslí	*przhetcheesslee*
crossed line	špatné spojení	*shpatneh spo-yenee*
dial (*verb*)	vytočit číslo	*vitochit cheesslo*
dialling tone	volací tón	*volatsee tawn*
emergency	případ nouze	*przheepat nohzeh*
enquiries	informace	*informatseh*
extension	linka	*linka*
fax machine	fax	*fax*
international call	mezinárodní hovor	*mezinahrodnee hovor*
internet	internet	*internet*
mobile phone	mobilní telefon	*mobilnee telefon*
modem	modem	*modem*
number	číslo	*cheesslo*
operator (*exchange*)	ústředna	*oostrzhedna*

payphone	telefonní automat na mince	*telefonee owtomat na mintseh*
phone card	telefonní karta	*telefonee karta*
receiver	sluchátko	*slooHahtko*
reverse charge call	hovor na účet volaného	*hovor na oochet volaneh-ho*
telephone	telefon	*telefon*
telephone box	telefonní budka	*telefonee bootka*
telephone directory	telefonní seznam	*telefonee seznam*
Web site	web site	*web site*
wrong number	špatné číslo	*shpatneh cheesslo*

Where is the nearest phone box?
Kde je nejbližší telefonní budka?
gdeh yeh nayblizhshee telefonee butka

Is there a telephone directory?
Je tady telefonní seznam?
yeh tadi telefonee seznam

I would like the directory for …
Chtěl (*man*)/chtěla (*woman*) bych telefonní seznam pro …
Ht-yel/Ht-yela biH telefonee seznam pro

How much is a call to …?
Kolik stojí hovor do …?
kolik sto-yee hovor do

I would like to reverse the charges
Chtěl (*man*)/chtěla (*woman*) bych hovor na účet volaného
Ht-yel/Ht-yela biH hovor na oochet volaneh-ho

I would like a number in …
Chtěl (*man*)/chtěla (*woman*) bych číslo v…
Ht-yel/Ht-yela biH cheesslo v

Hello, this is … speaking
Haló, u telefonu …
halaw u telefonu

Is that …?
Je to …?
yeh to

Speaking
U telefonu
u telefonu

I would like to speak to …
Rád (*man*)/ráda (*woman*) bych mluvil/mluvila s …
raht/rahda biн mluvil/mluvila s

Extension …, please
Linku …, prosím
linku … prosseem

Please tell him … called
Prosím, řekněte mu, že telefonoval …
prosseem rzhekn-yeteh mu zheh telefonoval

Ask him to call me back please
Prosím, řekněte mu, at' mi zatelefonuje
prosseem rzhekn-yeteh mu at-yuh mi zatelefonu-yeh

My number is …
Mé číslo je
meh cheeslo yeh

Do you know where he/she is?
Vite, kde je?
veeteh gdeh yeh

When will he/she be back?
Kdy bude zpátky?
gdi budeh spahtki

Could you leave him a message?
Muzete mu nechat vzkaz?
moozheteh mu neнat fskas

I'll ring back later
Zatelefonují později
zatelefonu-yi pozd-yay-i

Sorry, wrong number
Promite, mam spatně císlo
promin-yeteh mahm shpatneh cheesslo

What's your fax number/email address?
Jaké je tvé faxové číslo/e-mailová adresa?
yakeh yeh tveh faxoveh cheeslo/e-mailovah adresa

Can I send a fax/email from here?
Mohu odtud poslat fax/e-mail?
mo-hu odtud poslat fax/e-mail

How do I get an outside line?
Je to vnitřní linka?
yeh to vnitrzhnee linka

THINGS YOU'LL HEAR

Haló
Hello

Jaké máte číslo?
What is your number?

Jděte do kabinky číslo …
Go to phone box number …

Kdo je u telefonu?
Who is speaking?

Koho voláte?
Who would you like to speak to?

Máte špatné číslo
You've got the wrong number

→

Mluví. Počkáte si?
The line is engaged. Will you wait?

Není tady
He's not in

Nezavěšujte!
Don't hang up!

Nezavěšujte, jste v pořadí
Don't hang up, you are in line

Nikdo to tam nebere
Nobody is answering

Přepojím
I will transfer you

Řeknu mu, že jste telefonoval
I'll tell him you called

Vrátí se v ... hodin
He'll be back at ...

Zavolejte zítra, prosím
Please call again tomorrow

To je omyl
You've got the wrong number

COMMUNICATIONS

Things You'll See

fax	fax (machine)
informace	enquiries
kopírka	photocopier
meziměstský hovor	long-distance call
mezinárodní hovor	international call
místní hovor	local call
ohlašovna poruch	faults service
poplatky	charges
porucha	out of order
předvolba	code
přímá volba	direct dialling
případ nouze	emergency
telefon	telephone
telefonní budka	telephone box
telefonní kabina	telephone box (at post office)
telefonní seznam	telephone directory
Telefon-Telegramy	Telephone-Telegrams
ústředna	exchange (operator)
webová stránka	Web site
záloha	deposit

HEALTH

In the case of an accident or in an emergency, first aid is
available free of charge, but otherwise the system of free
medical care does not extend to most foreigners. In cities, there
is always one chemist's that is open all night. Although basic
medicines are available, visitors should bring any medicines
they need to take on a regular basis with them. Younger doctors
will speak some English, but older doctors tend to know
German rather than English. No compulsory innoculations are
needed before you visit the Czech Republic and no international
certificates of vaccination are required unless you are arriving
from an infected area. Medical treatment for visitors is widely
available including a special health service for foreigners – Na
Homolce, Roentgenova ul. – phone 52921111 from 7.30 am to
3.30 pm on weekdays.

USEFUL WORDS AND PHRASES

accident	nehoda	*nehoda*
ambulance	sanitka	*sanitka*
anaemic	chudokrevný	*Hudokrevnee*
appendicitis	zánět slepého střeva	*zahn-yet slepeh-ho strzheva*
appendix	slepé střevo	*slepeh strzhevo*
aspirin	aspirin	*aspirin*
asthma	astma	*astma*
backache	bolest zad	*bolest zad*
bandage	obvaz	*obvas*
bite (*by dog*)	kousnutí	*kohsnutee*
(*by insect*)	štípnutí	*shteepnutee*
bladder	močový měchýř	*mochovee m-yeHeerzh*
blister	puchýř	*puHeerzh*
blood	krev	*kref*
blood donor	dárce krve	*dahrtseh kuhrveh*
burn (*noun*)	popálenina	*popahlenina*

cancer	rakovina	*rakovina*
chemist's	lékárna	*lehkahrna*
chest	prsa	*puhrssa*
chickenpox	plané neštovice	*planeh neshtovitseh*
cold (*noun*)	nachlazení	*naнlazenee*
concussion	otřes mozku	*otrzhes mosku*
constipation	zácpa	*zahtspa*
contact lenses	kontaktní čočky	*kontaktnee chochki*
corn	kuří oko	*kurzhee oko*
cough (*noun*)	kašel	*kashel*
cut (*verb*)	říznout se	*rzheeznoht seh*
dentist	zubní lékař	*zubnee lehkarzh*
diabetes	cukrovka	*tsukrofka*
diarrhoea	průjem	*proo-yem*
doctor	doktor	*doktor*
earache	bolest ucha	*bolest uнa*
fever	horečka	*horechka*
filling	výplň	*veepln-y*
first aid	první pomoc	*puhrvnee pomots*
flu	chřipka	*нrzhipka*
fracture	zlomenina	*zlomenina*
German measles	zarděnky	*zard-yenki*
glasses	brýle	*breeleh*
haemorrhage	krvácení	*kuhrvahtsenee*
hay fever	senná rýma	*senah reema*
headache	bolest hlavy	*bolest hlavi*
heart	srdce	*suhrtseh*
heart attack	infarkt	*infaruhkt*
hepatitis	zánět	*zahnyet*
HIV positive	HIV pozitivní	*HIV pozitivnee*
hospital	nemocnice	*nemotsnitseh*
ill	nemocný	*nemotsnee*
indigestion	špatné trávení	*shpatneh trahvenee*
inhaler (*for asthma*)	inhalátor	*inhalahtor*
injection	injekce	*in-yektseh*
itch	svědění	*sv-yed-yenee*

kidney	ledvina	*ledvina*
lump	boule	*bohleh*
measles	spalničky	*spalnichki*
migraine	migréna	*migrehna*
mumps	příušnice	*przhee-ushnitseh*
nausea	špatně od žaludku	*shpatn-yeh od zhalootkoo*
nurse	sestra	*sestra*
operation	operace	*operatseh*
optician	optik	*optik*
pain	bolest	*bolest*
penicillin	penicilín	*penitsileen*
plaster *(sticky)*	náplast	*nahplast*
plaster of Paris	sádra	*sahdra*
pneumonia	zápal plic	*zahpal plits*
pregnant	těhotná	*t-yehotnah*
prescription	lékařský předpis	*lehkarzhskee przhetpis*
rheumatism	revmatismus	*revmatizmus*
scald *(noun)*	opaření	*oparzhenee*
scratch	škrábnutí	*shkrahbnutee*
smallpox	neštovice	*neshtovitseh*
sore throat	bolest v krku	*bolest fkuhrku*
splinter	tříska	*trzheeska*
sprain	výron	*veeron*
sting	bodnutí	*bodnutee*
stomach	žaludek	*zhaludek*
temperature	teplota	*teplota*
tonsils	mandle	*mandleh*
toothache	bolest zubů	*bolest zuboo*
travel sickness	cestovní nevolnost	*tsestovnee nevolnost*
ulcer	vřed	*vuhrzhet*
vaccination	očkování	*ochkovahnee*
vomit *(verb)*	zvracet	*zvratset*
whooping cough	černý kašel	*chernee kashel*

I have a pain in …
Bolí mě v …
bolee myeh v

I don't feel well
Není mi dobře
nenee mi dobrzheh

I feel faint
Je mi slabo
yeh mi slabo

I feel sick
Je mi špatně
yeh mi shpatn-yeh

I feel dizzy
Motá se mi hlava
motah seh mi hlava

It hurts here
Tady to bolí
tadi to bolee

It's a sharp/dull pain
Je to ostrá/tupá bolest
yeh to ostrah/tupah bolest

It hurts all the time
Bolí to stále
bolee to stahleh

It only hurts now and then
Bolí to jen tu a tam
bolee to yen tu a tam

It hurts when you touch it
Bolí to při doteku
bolee to przhi doteku

It hurts more at night
Bolí to víc v noci
bolee to veets vnotsi

It stings
Píchá to
peeнah to

It aches
Bolí to
bolee to

I have a temperature
Mám teplotu
mahm teplotu

I am … months pregnant
Jsem … měsíce těhotná
ysem … myesseetseh tyehotnah

I need a prescription for …
Potřebuji recept na …
potrzhebu-yi retsept na

I usually take …
Normálně beru …
normahln-yeh beru

I'm allergic to …
Jsem alergický (*man*)/alergická (*woman*) na …
yuhsem alergitskee/alergitskah na

Have you got anything for …?
Máte něco na …?
mahteh n-yetso na

Do I need a prescription for …?
Potřebuji recept na …?
potrzhebu-yi retsept na

Can you take these if you are pregnant/breastfeeding?
Můžete toto užívat v těhotenství/při kojení?
moozheteh toto uzheevat f-tyehotenstvee/przhi ko-yenee

I have lost a filling
Vypadla mi výplň
vipadla mi veepln-y

THINGS YOU'LL HEAR

Berte … tablety najednou
Take … pills/tablets at a time

Co normálně berete?
What do you usually take?

Co vás bolí?
Where do you feel pain?

Jednou/dvakrát/třikrát denně
Once/twice/three times a day

Jenom před spaním
Only when you go to bed

Lituji, to nemáme
I'm sorry, we don't have that

Myslím, že byste měl jít k doktorovi/lékaři
I think you should see a doctor

Rozkousejte je
Chew them

S vodou
With water

THINGS YOU'LL SEE

brýle	glasses
doktor	doctor
chirurgie	surgery
jen na lékářsky předpis	only on prescription
klinika	clinic
krevní tlak	blood pressure
lék	medicine
lékař	doctor
lékárenská služba	duty chemist
lékářský předpis	prescription
na prázdný žaludek	on an empty stomach
nemocnice	hospital
oční lékař	eye specialist
pohotovostní služba	emergencies
recept	prescription
rentgen	X-ray
sanitka	ambulance
stanice první pomoci	first-aid post
ušní, nosní a krční doktor	ear, nose and throat specialist
vyšetření	check-up
zubní lékař	dentist

CONVERSION TABLES

DISTANCES

A mile is 1.6km. To convert kilometres to miles, divide the km by 8 and multiply by 5. Convert miles to km by dividing the miles by 5 and multiplying by 8.

miles	0.62	1.24	1.86	2.43	3.11	3.73	4.35	6.21
miles *or* **km**	1	2	3	4	5	6	7	10
km	1.61	3.22	4.83	6.44	8.05	9.66	11.27	16.10

WEIGHTS

The kilogram is equivalent to 2lb 3oz. To convert kg to lbs, divide by 5 and multiply by 11. One ounce is about 28 grams, and 8 ounces about 227 grams; 1lb is therefore about 454 grams.

lbs	2.20	4.41	6.61	8.82	11.02	13.23	19.84	22.04
lbs *or* **kg**	1	2	3	4	5	6	9	10
kg	0.45	0.91	1.36	1.81	2.27	2.72	4.08	4.53

TEMPERATURE

To convert Celsius degrees into Fahrenheit, the accurate method is to multiply the °C figure by 1.8 and add 32. Similarly, to convert °F to °C, subtract 32 from the °F figure and divide by 1.8.

°C	-10	0	5	10	20	30	36.9	40	100
°F	14	32	41	50	68	86	98.4	104	212

LIQUIDS

A litre is about 1.75 pints; a gallon is roughly 4.5 litres.

gals	0.22	0.44	1.10	2.20	4.40	6.60	11.00
gals *or* **litres**	1	2	5	10	20	30	50
litres	4.54	9.10	22.73	45.46	90.92	136.40	227.30

TYRE PRESSURES

lb/sq in	18	20	22	24	26	28	30	33
kg/sq cm	1.3	1.4	1.5	1.7	1.8	2.0	2.1	2.3

CLOTHING SIZES

Slight variations in sizes, let alone European equivalents of UK/US sizes, will be found everywhere so be sure to check before you buy. The following tables are approximate:

Women's dresses and suits

UK	10	12	14	16	18	20
Europe	36	38	40	42	44	46
US	8	10	12	14	16	18

Men's suits and coats

UK/US	36	38	40	42	44	46
Europe	46	48	50	52	54	56

Women's shoes

UK	4	5	6	7	8
Europe	37	38	39	41	42
US	5½	6½	7½	8½	9½

Men's shoes

UK/US	7	8	9	10	11
Europe	41	42	43	44	45

Men's shirts

UK/US	14	14½	15	15½	16	16½	17
Europe	36	37	38	39	41	42	43

Women's sweaters

UK/US	32	34	36	38	40
Europe	36	38	40	42	44

Waist and chest measurements

Inches	28	30	32	34	36	38	40	42	44	46
Cms	71	76	80	87	91	97	102	107	112	117

MINI-DICTIONARY

about: about 16 asi šestnáct
accelerator pedál plynu
accident nehoda
accommodation ubytování
ache bolest
adaptor (electrical) adaptér
address adresa
adhesive lepicí
admission charge vstupné
after po
aftershave voda po holení
again znovu
against proti
air conditioning klimatizace
aircraft letadlo
air freshener osvěžovač vzduchu
airline letecká linka
airport letiště
alcohol alkohol
all všechno
  all the streets všechny ulice
  that's all, thanks
  to je všechno, děkuji
almost téměř
alone sám
already už
always vždy
am: I am já jsem
ambulance sanitka
America Amerika
American (man) Američan
  (woman) Američanka
  (adj) americký
and a
ankle kotník
anorak větrovka s kapucí
another (different) jiný
  (one more) ještě jednu

answering machine telefonní
  záznamník
antifreeze nemrznoucí směs
antique shop starožitnictví
antiseptic antiseptický
apartment apartmá
aperitif aperitiv
appetite chuť
apple jablko
application form formulář žádosti
appointment schůzka
apricot meruňka
are: you are vy jste
  we are my jsme
  they are oni jsou
arm paže
art umění
art gallery výstavní síň
artist umělec
as: as soon as possible jakmile
ashtray popelník
asleep: he's asleep on spí
aspirin aspirin
Astronomical Clock orloj
at: at the post office na poště
  at night v noci
  at 3 o'clock ve tři hodiny
attractive přitažlivý
aunt teta
Austerlitz Slavkov
Australia Austrálie
Australian (man) Australan
  (woman) Australanka
  (adj) australský
Austria Rakousko
Austrian (man) Rakušan
  (woman) Rakušanka
  (adj) rakouský

automatic automatický
away: is it far away? je to daleko?
  go away! jděte pryč!
awful strašný
axe sekera
axle náprava

baby děťátko
back (not front) vzadu
  (body) záda
bacon slanina
  bacon and eggs slanina s vejci
bad špatný
bait návnada
bake péci
baker pekař
balcony balkón
ball (football) fotbalový míč
  (tennis) tenisový míč
ball-point pen kuličkové pero
banana banán
band (musicians) kapela
bandage obvaz
bank banka
banknote bankovka
bar bar
  bar of chocolate tabulka čokolády
barber's holičství
bargain výhodná koupě
basement suterén
basin (sink) dřez
basket koš
bath koupel
  to have a bath vykoupat se
bathing hat koupací čepice
bathroom koupelna
battery baterie
beach pláž
beans fazole
beard vous
because protože
bed postel

bed linen ložní prádlo
bedroom ložnice
beef hovězí
beer pivo
before před
beginner začátečník
behind za
beige béžová barva
bell (church) zvon
  (door) zvonek
below pod
belt opasek
beside vedle
best nejlepší
better lepší
between mezi
bicycle kolo
big velký
bikini bikini
bill účet
bird pták
birthday narozeniny
  happy birthday!
  všechno nejlepší k narozeninám!
  birthday present
  dárek k narozeninám
biscuit sušenka
bite (verb) kousnout
  (noun) kousnutí
  (by insect) štípnutí
bitter hořký
black černý
blackberry ostružina
blanket deka
bleach (verb: hair) odbarvit
  (noun) odbarvovač
blind (cannot see) slepý
blister puchýř
blood krev
blouse halenka
blue modrý
boat loď
  (smaller) člun

body tělo
Bohemia Čechy
Bohemian *(man)* Čech
  (woman) Češka
  (adj) český
boil *(verb)* vařit
bolt *(verb)* zavřít na západku
  (noun: on door) západka
bone kost
bonnet *(car)* kapota
book *(noun)* kniha
  (verb) rezervovat
booking office pokladna
bookshop prodejna knih
boot *(car)* kufr
  (footwear) bota
border hranice
boring nudný
born: I was born in …
  (man) narodil jsem se v …
  (woman) narodila jsem se v …
both oba
  both of them oba dva
  both of us my oba
  both … and … jak …, tak …
bottle láhev
bottle opener otvírák
bottom dno
bowl miska
box krabice
boy chlapec
boyfriend přítel
bra podprsenka
bracelet náramek
braces šle
brake *(noun)* brzda
  (verb) brzdit
bread chleba
breakdown *(car)* porucha
  (nervous) zhroucení
breakfast snídaně
breathe dýchat
  I can't breathe nemohu dýchat

bridge most
briefcase aktovka
British britský
brochure brožura
broken zlomený
  broken leg zlomená noha
brooch brož
brother bratr
brown hnědý
bruise pohmožděnina
brush *(noun)* kartáč
  (for paint) štětec
  (verb) kartáčovat
bucket vědro
Budweis Budvar
building budova
bumper nárazník
burglar lupič
burn *(verb)* pálit
  (noun) popálenina
bus autobus
bus station autobusové nádraží
business obchod
  it's none of your business
  to není tvoje věc
busy *(occupied)* zaneprázdněný
  (bar) navštěvovaný
but ale
butcher řezník
butter máslo
button knoflík
buy koupit
by: by the window u okna
  by Friday do pátku
  by myself sám

cabbage zelí
cable car lanovka
cable television
  kabelová televize
café kavárna
cake dort

calculator kalkulačka
call: what's it called?
  jak se to jmenuje?
camera kamera
campsite tábořiště
camshaft vačkový hřídel
can *(tin)* konzerva
can: can I have …?
  mohu dostat …?
Canada Kanada
Canadian *(man)* Kanaďan
  (woman) Kanaďanka
  (adj) kanadský
cancer rakovina
candle svíčka
canoe kanoe
cap *(bottle)* uzávěr
  (hat) čepice
car auto
caravan přívěs
carburettor karburátor
card karta
cardigan pletená vesta
careful opatrný
  be careful! buď opatrný!
Carlsbad Karlovy Vary
carpet koberec
carriage *(train)* vagón
carrot mrkev
carrycot taška na přenášení dítěte
car seat *(for a baby)* dětská autosedačka
case *(suitcase)* kufr
cash hotovost
  (coins) mince
  to pay cash platit v hotovosti
cassette kazeta
cassette player kazetový magnetofon
castle zámek
cat kočka
cathedral katedrála
cauliflower květák
cave jeskyně
cemetery hřbitov

centre střed
certificate potvrzení
chair židle
chamber music komorní hudba
chambermaid pokojská
change *(noun: money)* výměna
  (verb: clothes) převléknout
cheap levný
cheers! na zdraví!
cheese sýr
chemist *(shop)* lékárna
cheque šek
chequebook šeková knížka
cherry třešeň
chess šachy
chest hruď
chewing gum žvýkačka
chicken kuře
child dítě
children děti
china porcelán
chips hranolky
chocolate čokoláda
  box of chocolates
  bonboniéra
chop *(food)* kotleta
  (to cut) sekat
church kostel
cigar doutník
cigarette cigareta
cinema kino
city velkoměsto
city centre centrum města
class třída
classical music vážná hudba
clean čistý
clear *(obvious)* zřejmý
  (water) čistá
  is that clear?
  je to jasné?
clever chytrý
clock hodiny
  (alarm) budík

close *(near)* blízký
  (stuffy) dusný
  (verb) zavřít
  the shop is closed
  obchod je zavřený
clothes šaty
club klub
  (cards) kříže
clutch spojka
coach dálkový autobus
  (of train) vagón
coach station autobusové nádraží
coat kabát
coat hanger ramínko na šaty
cockroach šváb
coffee káva
coin mince
cold *(illness)* nachlazení
  (adj) studený
collar límec
collection *(stamps etc)* sbírka
colour barva
colour film barevný film
comb *(noun)* hřeben
  (verb) česat
come přijít
  I come from … pocházím z …
  we came last week
  přijeli jsme minulý týden
  come here! pojď sem!
communication cord záchranná brzda
compartment kupé
complicated komplikovaný
computer počítač
concert koncert
conditioner
  (hair) regenerační přípravek na vlasy
conductor *(bus)* průvodčí
  (orchestra) dirigent
congratulations! blahopřeji!
constipation zácpa
consulate konzulát
contact lenses kontaktní čočky

contraceptive
  antikoncepční prostředek
cook *(noun: man)* kuchař
  (woman) kuchařka
  (verb) vařit
cooking utensils nádobí
cool chladný
cork zátka
corkscrew vývrtka
corner roh
corridor chodba
cosmetics kosmetika
cost *(verb)* stát
  what does it cost? co to stojí?
cotton bavlna
cotton wool vata
cough *(verb)* kašlat
  (noun) kašel
country *(state)* země
  (not town) venkov
cousin *(male)* bratranec
  (female) sestřenice
crab krab
cramp křeč
crayfish rak
cream smetana
credit card úvěrová karta
crew posádka
crisps bramborové lupínky
crowded přeplněný
crown koruna
cruise plavba
crutches berle
cry *(weep)* plakat
  (shout) křičet
crystal křišťálové sklo
cucumber okurka
cuff links manžetové knoflíčky
cup šálek
cupboard kredenc
curlers natáčky
curls kudrlinky
curry kari

curtain záclona
customs celnice
cut (*noun*) říznutí
  (*verb*) říznout
cut glass broušené sklo
Czech (*man*) Čech
  (*woman*) Češka
  (*adj*) český

dad tatínek
dairy (*adj*) mléčny
damp vlhký
dance (*noun*) ples
  (*verb*) tancovat
dangerous nebezpečný
Danube Dunaj
dark tmavý
daughter dcera
day den
dead mrtvý
deaf hluchý
dear (*person, expensive*) drahý
deck chair lehátko
deep hluboký
deliberately záměrně
dentist zubní lékař
dentures umělý chrup
deny popřít
  I deny it
  popírám to
deodorant deodorant
department store
  obchodní dům
departure odjezd
develop (*a film*) vyvolat
diamond (*jewel*) diamant
  (*cards*) káro
diarrhoea průjem
diary deník
dictionary slovník
die zemřít
diesel diesel

different jiný
  that's different to je jiné
  I'd like a different one
  (*man*) chtěl bych jiný
  (*woman*) chtěla bych jiný
difficult těžké
dining car jídelní vůz
dining room jídelna
directory (*telephone*) telefonní seznam
dirty špinavý
disabled invalidní
disposible nappies
  jednorázové pleny
distributor (*car*) rozdělovač
dive skočit po hlavě
diving board skákací prkno
divorced rozvedený
do dělat
doctor doktor
document doklad
dog pes
doll panenka
dollar dolar
door dveře
double room dvoulůžkový pokoj
doughnut kobliha
down dolů
drawing pin připínáček
dress šaty
drink (*verb*) pít
  (*noun*) nápoj
  would you like a drink?
  napijete se něčeho?
drinking water pitná voda
drive (*verb*) řídit
driver řidič
driving licence řidičský průkaz
drunk opilý
dry suchý
dry cleaner's chemická čistírna
dummy (*for baby*) dudlík
during během
dustbin popelnice

duster prachovka
Dutch holandský
duty-free beze cla

each (*every*) každý
  twenty crowns each
  dvacet korun každý
ear ucho
  ears uši
early brzy
earrings náušnice
east východ
easy snadný
eat jíst
egg vejce
either: either of them
  jeden nebo druhý
  either … or … buď…, nebo …
elastic elastický
elastic band gumička
elbow loket
electric elektrický
electricity elektřina
else: something else něco jiného
  someone else někdo jiný
  somewhere else někde jinde
email e-mail
email address e-mailová adresa
embarrassing trapný
embassy vyslanectví
embroidery výšivka
emerald smaragd
emergency případ nouze
empty prázdný
end konec
engaged (*couple*) zasnoubený
  (*occupied*) obsazený
engine motor
England Anglie
English (*adj*) anglický
  (*language*) angličtina
Englishman Angličan

Englishwoman Angličanka
enlargement zvětšení
enough dost
entertainment zábava
entrance vchod
envelope obálka
escalator eskalátor
especially speciálně
evening večer
every každý
everyone jeden každý
everything všechno
everywhere všude
example příklad
  for example například
excellent skvělý
excess baggage
  zavazadla nad povolenou váhu
exchange (*verb*) měnit
exchange rate devizový kurs
excursion exkurze
excuse me! (*to get attention*) promiňte!
exit východ
expensive drahý
extension linka
eye oko
  eyes oči
eye drops oční kapky

face tvář
faint (*unclear*) nejasný
  (*verb*) omdlít
  to feel faint být komu na omdlení
fair (*funfair*) pouť
  it's not fair není to správné
false teeth falešný chrup
family rodina
fan (*ventilator*) ventilátor
  (*enthusiast*) fanoušek
fan belt klínový řemen u větráku
far daleko
  how far is …? jak je daleko …?

fare jízdné
farm farma
farmer farmář
fashion móda
fast rychlý
fat *(of person)* tlustý
    (on meat etc) sádlo
father otec
fax fax
fax machine fax
feel *(touch)* cítit
    I feel hot je mi horko
    I feel like ... chce se mi ...
    I don't feel well
    necítím se dobře
feet chodidla
felt-tip pen pero s plstěným hrotem
ferry přívoz
fever horečka
fiancé snoubenec
fiancée snoubenka
field pole
fig fík
filling *(tooth)* plomba, výplň
film film
filter filtr
finger prst
fire krb
    (blaze) oheň
fire extinguisher hasicí přístroj
firework ohňostroj
first první
first aid první pomoc
first floor první poschodí
first name křestní jméno
fish ryba
fishing rybaření
    to go fishing jít na ryby
fishing rod rybářský prut
fishmonger prodavač ryb
fizzy šumivý
flag vlajka
flash *(camera)* blesk

flat *(level)* plochý
    (apartment) byt
flavour příchuť
flea blecha
flight let
flippers ploutve
flour mouka
flower květina
flu chřipka
flute flétna
fly *(verb)* letět
    (insect) moucha
fog mlha
folk music lidová hudba
food jídlo
food poisoning otrava jídlem
foot noha
football fotbal
    (ball) fotbalový míč
for pro
    for me pro mě
    what for? na co?
    for a week na týden
foreigner cizinec
forest les
fork vidlička
fortnight čtrnáct dní
fountain pen plnicí pero
fourth čtvrtina
fracture zlomenina
France Francie
free *(at liberty)* svobodný
    (no cost) bezplatný
freezer mraznička
French francouzský
fridge lednička
friend přítel
friendly přátelský
front: in front of ... před ...
frost mráz
fruit ovoce
fruit juice ovocná šťáva
fry smažit

113

frying pan pánev
full plný
  I'm full už jsem se najedl
full board plná penze
funnel *(for pouring)* trychtýř
funny *(amusing)* zábavný
  (odd) divný
furniture nábytek

garage garáž
garden zahrada
garlic česnek
gay *(homosexual)* homosexuál
gear rychlost
gear lever rychlostní páka
German *(man)* Němec
  (woman) Němka
  (adj) německý
Germany Německo
get *(fetch)* vzít
  have you got …? máte …?
  (familiar) máš …?
  to get the train jet vlakem
get back: we get back tomorrow
  vrátíme se zítra
  to get something back
  dostat něco zpátky
get in *(to car etc)* jít dovnitř
  (arrive) dorazit
get out jít ven
get up vstát
Giant Mountains Krkonoše
gift dárek
gin džin
girl dívka
girlfriend přítelkyně
give dávat
glad rád
  I'm glad *(man)* jsem rád
  (woman) jsem ráda
glass *(material)* sklo
  (for drinking) sklenice

glasses brýle
gloss prints fotografie na lesklém papíru
gloves rukavice
glue lepidlo
goggles ochranné brýle
gold zlato
Golden Cross Zlatý kříž
Golden Prague Zlatá Praha
good dobrý
  good! dobře!
goodbye nashledanou
government vláda
granddaughter vnučka
grandfather dědeček
grandmother babička
grandson vnuk
grapes hrozny
grass tráva
Great Britain Velká Británie
green zelený
grey šedý
grill gril
grocer's obchod potravinami
ground floor přízemí
groundsheet nepromokavá podložka
guarantee *(noun)* záruka
  (verb) zaručit
guard stráž
guide book průvodce
guitar kytara
gun *(rifle)* puška
  (pistol) pistole

hair vlasy
haircut zástřih
hairdresser kadeřník
hair dryer fén
hair spray lak na vlasy
half polovina
  half an hour půl hodiny
half board polopenze
ham šunka

hamburger hamburger
hammer kladivo
hand ruka
handbrake ruční brzda
handbag taška
handkerchief kapesník
handle *(door)* klika
handsome hezký
hangover kocovina
happy šťastný
harbour přístav
hard tvrdý
  (difficult) těžký
hard lenses tvrdé kontaktní čočky
hat klobouk
have mít
  I don't have ... nemám ...
  can I have ...? mohu dostat ...?
  have you got ...? máte ...?
  I have to go now už musím jít
hay fever senná rýma
he on
head hlava
headache bolest hlavy
headlights přední světla
hear slyšet
hearing aid naslouchátko
heart srdce
heart attack infarkt
heating topení
heavy těžký
heel podpatek
hello ahoj
help *(noun)* pomoc
  (verb) pomáhat
  help! pomoc!
hepatitis zánět jater
her: it's her to je ona
  it's for her to je pro ni
  give it to her dej to jí
  her house její dům
  her shoes její boty
  it's hers to je její

high vysoký
High Tatras Vysoké Tatry
highway code
  pravidla silničního provozu
hill kopec
him: it's him to je on
  it's for him to je pro něj
  give it to him dej to jemu
hire pronajmout
his: his house jeho dům
  his shoes jeho boty
  it's his to je jeho
history historie
hitchhike jezdit autostopem
HIV positive HIV pozitivní
hobby koníček
holiday prázdniny
homeopathy homeopatie
honest čestný
honey med
honeymoon líbánky
horn *(car)* klakson
  (animal) roh
horrible hrozný
hospital nemocnice
hot water bottle zahřívací láhev
hour hodina
house dům
how? jak?
Hungarian *(man)* Maďar
  (woman) Maďarka
  (adj) maďarský
Hungary Maďarsko
hungry: I'm hungry mám hlad
hurry: I'm in a hurry spěchám
husband manžel

I já
ice led
ice cream zmrzlina
ice cube kostka ledu
if jestli

ignition zapalování
ill nemocný
immediately okamžitě
impossible nemožný
in v
  in English anglicky
  in the hotel v hotelu
Indian *(adj)* indický
indicator ukazovatel
indigestion špatné trávení
infection infekce
information informace
inhaler *(for asthma etc)* inhalátor
injection injekce
injury zranění
ink inkoust
inner tube duše pneumatiky
insect repellent repelent
insomnia nespavost
insurance pojištění
interesting zajímavý
internet internet
interpret tlumočit
invitation pozvání
Ireland Irsko
Irish irský
Irishman Irčan
Irishwoman Irčanka
iron *(metal)* železo
  (for clothes) žehlička
ironmonger obchodník železem
is: he/she/it is … on/ona/to je …
island ostrov
it to
itch *(noun)* svědění
  it itches svědí to

jacket sako
jam džem
jazz džez
jealous žárlivý
jeans džíny

jeweller klenotník
job zaměstnání
jog *(verb)* kondičně běhat
joke žert
journey cesta
jumper svetr
just: it's just arrived právě to došlo
  (only) jenom
  I've just one left
  zbývá mi jen jeden

key klíč
kidney ledvina
kilo kilo
kilometre kilometr
kitchen kuchyně
knee koleno
knife nůž
knit plést
know: I don't know nevím

label nálepka
lace krajka
laces *(of shoe)* tkanička
lake jezero
lamb jehně
lamp lampa
lampshade stínítko
land *(noun)* země
  (verb) přistát
language jazyk
large velký
last *(final)* poslední
  last week minulý týden
  last month minulý měsíc
  at last! konečně!
late: it's getting late připozdívá se
  the bus is late
  ten autobus má zpoždění
laugh smát se
launderette veřejná prádelna

laundry *(place)* prádelna
  (dirty clothes) prádlo
laxative projímadlo
lazy líný
leaf list
leaflet *(political)* leták
  (advertising) prospekt
learn učit se
leather kůže
left *(not right)* levá
  there's nothing left nic tu nezbylo
left luggage locker
  úschovna zavazadel skříňka
leg noha
lemon citrón
lemonade limonáda
length délka
lens čočka
less méně
Lesser Quarter Malá Strana
lesson lekce
letter dopis
letter box domovní schránka na dopisy
lettuce salát
library knihovna
licence oprávnění
life život
lift *(in building)* výtah
  could you give me a lift?
  mohl byste mě svézt?
light *(not heavy)* lehký
  (not dark) světlý
light meter světloměr
lighter zapalovač
lighter fuel benzín do zapalovače
like: I like you
  (said by a man) mám tě rád
  (said by a woman) mám tě ráda
  I like swimming *(man)* rád plavu
  (woman) ráda plavu
  it's like … je to jako …
lip salve mast na rty
lipstick rtěnka

liqueur likér
list seznam
litre litr
litter smetí
little *(small)* malý
  it's a little big je to trochu velké
  just a little jen trochu
liver játra
lollipop lízátko
long dlouhý
  how long does it take?
  jak dlouho to trvá?
lorry nákladní auto
lost property ztráty a nálezy
lot: a lot hodně
loud hlasitý
  (colour) křiklavá
lounge hala
love *(noun)* láska
  (verb) milovat
lover *(man)* milenec
  (woman) milenka
low nízký
Low Tatras Nízké Tatry
luck štěstí
  good luck! mnoho štěstí!
luggage zavazadlo
luggage rack přihrádka na zavazadla
lunch oběd

magazine časopis
mail pošta
make udělat
make-up make-up
man člověk
manager vedoucí
map mapa
  a map of Prague mapa Prahy
marble mramor
margarine margarín
Marienbad Mariánské Lázně
market trh

117

marmalade marmeláda
married *(man)* ženatý
 (woman) vdaná
mascara řasenka
mass *(church)* mše
mast stěžeň
match *(light)* zápalka
 (sport) zápas
material *(cloth)* látka
mattress matrace
maybe možná
me: it's me to jsem já
 it's for me to je pro mě
 give it to me dej to mně
meal jídlo
meat maso
mechanic mechanik
medicine lék
meeting schůze
melon meloun
men's toilets páni, muži
menu jídelní lístek
message zpráva
midday poledne
middle: in the middle ve středu
midnight půlnoc
milk mléko
mine: it's mine to je moje
mineral water minerální voda
minute minuta
mirror zrcadlo
Miss slečna
mistake chyba
 to make a mistake udělat chybu
mobile phone mobilní telefon
modem modem
Moldau Vltava
monastery klášter
money peníze
month měsíc
monument památník
moon měsíc
moped moped

Moravia Morava
Moravian *(man)* Moravan
 (woman) Moravanka
 (adj) moravský
more více
morning ráno
 in the morning ráno
mosaic mozaika
mosquito komár
mother matka
motorbike motorka
motorboat motorový člun
motorway dálnice
mountain hora
mouse myš
moustache knír
mouth ústa
move hýbat
 don't move! nehýbej se!
 (house) stěhovat
movie film
Mr pan
Mrs paní
much: not much moc ne
 much better/slower
 mnohem lepší/pomalejší
mug hrnek
mum maminka
museum muzeum
mushroom houba
music hudba
music festival hudební festival
musical instrument hudební nástroj
musician hudebník
mustard hořčice
my: my bag moje taška
 my keys moje klíče

nail *(metal)* hřebík
 (finger) nehet
nailfile pilník na nehty
nail polish lak na nehty

name jméno
nappy plenka
narrow úzký
near: near the door blízko dveří
  near London blízko Londýna
necessary nutný
necklace náhrdelník
need (verb) potřebovat
  I need ... potřebuji ...
  there's no need není třeba
needle jehla
negative (photo) negativ
neither: neither of them žádný z nich
  neither ... nor ... ani ... ani ...
nephew synovec
never nikdy
new nový
news zprávy
newsagent majitel prodejny novin
newspaper noviny
New Zealand Nový Zéland
New Zealander (man) Novozéland'an
  (woman) Novozéland'anka
next příští
  next week příští týden
  next month příští měsíc
  what next? co dál?
nice milý
niece neteř
night noc
nightclub noční klub
nightdress noční košile
night porter noční vrátný
no (response) ne
  I have no money
  nemám žádné peníze
noisy hlučný
north sever
Northern Ireland Severní Irsko
nose nos
not ne
notebook zápisník
nothing nic

novel román
now nyní
nowhere nikde
nudist nudista
number číslo
number plate státní poznávací značka
nurse zdravotní sestra
nut (fruit) ořech
  (for bolt) matice šroubu

occasionally příležitostně
office kancelář
often často
oil olej
ointment mast
OK v pořádku
old starý
Old Town Staré Město
olive oliva
omelette omeleta
on na
one jedna
onion cibule
only jenom
open (verb) otevřít
  (adj) otevřený
opposite: opposite the hotel proti hotelu
optician optik
or nebo
orange (colour) oranžová
  (fruit) pomeranč
orange juice pomerančová šť'áva
orchestra orchestr
ordinary obyčejný
organ orgán
our náš
  it's ours to je naše
out: he's out on není doma
outside venku
over (above) nad
  over there tamhle
overtake předjet

pack of cards balíček karet
package balíček
packet krabička
  a packet of … krabička …
padlock visací zámek
page strana
pain bolest
paint (noun) barva
pair pár
pale bledý
pancakes lívance
paper papír
parcel balík
pardon? prosím?
parents rodiče
park (noun) park
  (verb) parkovat
parsley petržel
party (celebration) oslava
  (group) skupina
  (political) strana
passenger pasažér
passport pas
pasta těstoviny
path stezka
pavement chodník
pay platit
peach broskev
peanuts burské oříšky
pear hruška
pearl perla
peas hrášek
pedestrian chodec
peg (clothes) kolíček na prádlo
pen pero
pencil tužka
pencil sharpener ořezávátko
penfriend přítel k dopisování
penknife perořízek
people lidé
pepper (& salt) pepř
  (red/green) paprika
per: per night za noc

perfect perfektní
perfume parfém
perhaps snad
perm trvalá
petrol benzín
petrol station benzínová stanice
petticoat spodnička
phonecard telefonní karta
photocopier kopírka
photograph (noun) fotografie
  (verb) fotografovat
photographer fotograf
phrase book konverzační příručka
piano piáno
pickpocket kapesní zloděj
picnic piknik
piece kus
pillow polštář
pilot pilot
Pilsen Plzeň
pin špendlík
pineapple ananas
pink růžový
pipe (for smoking) dýmka
  (for water) trubka
piston píst
pizza pizza
place místo
plant rostlina
plaster (for cut) náplast
plastic z umělé hmoty
plastic bag igelitová taška
plate talíř
platform nástupiště
play (theatre) hra
please prosím
plug (electrical) zástrčka
  (sink) zátka
pocket kapsa
poison jed
Poland Polsko
Pole (man) Polák
  (woman) Polka

police policie
police officer policista
police station policejní stanice
Polish polský
politics politika
poor chudý
   (bad quality) špatný
pop music populární hudba
pork vepřové
port (harbour) přístav
porter (for luggage) nosič
   (hotel) portýr
possible možný
post (noun) pošta
   (verb) poslat poštou
postbox poštovní schránka
postcard pohlednice
poster plakát
post office pošta
postman poštovní doručovatel
potato brambor
poultry drůbež
pound (money, weight) libra
powder prášek
Powder Gate Prašná brána
Prague Praha
Prague Castle Pražský hrad
pram kočárek
prescription lékařský předpis
pretty (beautiful) krásná
   (quite) hezká
priest kněz
private soukromý
problem problém
   what's the problem? včem je problém?
public veřejný
pull táhnout
puncture píchnutí pneumatiky
purple fialový
purse peněženka
push tlačit
pushchair skládací kočárek
pyjamas pyžamo

quality kvalita
question otázka
queue (noun) řada
   (verb) stát v řadě
quick rychlý
quiet tichý
quite (fairly) docela
   (fully) úplně

radiator radiátor
radio rádio
radish ředkvička
railway line železniční trať
rain déšť
raincoat nepromokavý plášť
raisins rozinky
rare (uncommon) zřídkavý
   (steak) polosyrový
rat krysa
razor blades žiletky
read číst
reading lamp stolní lampa
   (bedside) noční lampička
ready připravený
rear lights zadní světla
receipt potvrzení
receptionist recepční
record (music) gramofonová deska
   (sporting etc) rekord
record player gramofon
record shop
   obchod s gramofonovými deskami
red červený
refreshments občerstvení
registered letter doporučený dopis
relative relativný
relax odpočívat
religion náboženství
remember pamatovat
   I don't remember nepamatuji se
rent (verb) pronajmout
reservation rezervace

rest *(remainder)* zbytek
   (relax) odpočívat
restaurant restaurace
return *(come back)* návrat
   (give back) vrátit
return ticket zpáteční lístek
rice rýže
rich bohatý
right *(correct)* správný
   (direction) doprava
ring *(to call)* zatelefonovat
   (wedding etc) prsten
ripe zralý
river řeka
road cesta
rock *(stone)* skála
   (music) rock
roll *(bread)* rohlík
roof střecha
room místnost
   (space) prostor
rope provaz
rose růže
round *(circular)* kulatý
  it's my round tuhle rundu platím já
rowing boat veslice
rubber *(eraser)* guma
   (material) guma
rubbish smetí
ruby *(stone)* rubín
rucksack ruksak
rug *(mat)* kobereček
   (blanket) přikrývka
ruins ruiny
ruler *(for drawing)* pravítko
rum rum
run *(person)* běžet
runway ranvej

sad smutný
safe bezpečný
safety pin zavírací špendlík

sailing boat plachetnice
salad salát
salami salám
sale *(at reduced prices)* výprodej
salmon losos
salt sůl
same: the same dress stejné šaty
  the same people stejní lidé
  same again please
  ještě jednou to samé, prosím
sand písek
sandals sandály
sandwich obložený chléb
sanitary towels dámské vložky
sauce omáčka
saucepan pánev
sauna sauna
sausage párek
say říkat
  what did you say?
  (to a man/woman) co jsi říkal/říkala?
  how do you say…? jak řekneš …?
scarf šátek
school škola
scissors nůžky
Scottish skotský
Scotland Skotsko
Scot *(man)* Skot
   (woman) Skotka
screw šroubovat
screwdriver šroubovák
sea moře
seat sedadlo
seat belt bezpečnostní pás
second *(of time)* sekunda
   (in series) druhý
see vidět
  I can't see nevidím
  I see chápu
sell prodávat
separate oddělit
separated odloučený
serious vážný

serviette ubrousek
several několik
sew šít
shampoo šampón
shave (noun) holení
  (verb) holit
shaving foam pěna na holení
shawl šála
she ona
sheet prostěradlo
sherry sherry
ship loď
shirt košile
shoelaces tkaničky do bot
shoe polish krém na boty
shoes boty
shop obchod
shopping nakupování
  to go shopping jít na nákup
short krátký
shorts šortky
shoulder rameno
shower (bath) sprcha
  (rain) přeháňka
shower gel sprchový gel
shutter (camera) závěr
  (window) okenice
sick (ill) nemocný
  I feel sick je mi špatně
side (edge) okraj
  I'm on her side jsem na její straně
sidelights boční světla
sights: the sights of …
  turistická atraktivní místa …
silk hedvábí
silver (colour) stříbrná
  (metal) stříbro
simple jednoduchý
sing zpívat
single (one) jediný
  (unmarried man) svobodný
  (unmarried woman) svobodná
single room pokoj pro jednoho

sister sestra
skid (verb) dostat smyk
skin cleanser pleťové mléko
skirt sukně
sky obloha
sleep (noun) spánek
  (verb) spát
  to go to sleep jít spát
sleeping bag spací pytel
sleeping pill prášek na spaní
slippers pantofle
Slovak (man) Slovák
  (woman) Slovenka
  (adj) slovenský
Slovakia Slovensko
slow pomalý
small malý
smell (noun: pleasant) vůně
  (verb) vonět
  (noun: unpleasant) zápach
  (verb) zapáchat
smile (noun) úsměv
  (verb) usmívat se
smoke (noun) kouř
  (verb) kouřit
snack rychlé občerstvení
snow sníh
so: so good tak dobrý
  not so much ne tak mnoho
soaking solution
  (for contact lenses) fyziologický roztok
socks ponožky
soda water sodová voda
soft lenses měkké čočky
somebody někdo
somehow nějak
something něco
sometimes někdy
somewhere někde
son syn
song píseň
sorry! promiňte!
  I'm sorry lituji

soup polévka
south jih
South Africa Jižní Afrika
South African *(man)* Jihoafričan
  (woman) Jihoafričanka
  (adj) jihoafrický
souvenir suvenýr
Soviet sovětský
Soviet Union Sovětský svaz
spa lázně
spade *(shovel)* rýč
  (cards) piky
spanner klíč na matice
spares náhradní díly
spark plug svíčka motoru
speak mluvit
  do you speak ...? mluvíte ...?
  I don't speak ... nemluvím ...
speed rychlost
speed limit omezení rychlosti
speedometer tachometr
spider pavouk
spinach špenát
spoon lžička
sprain *(verb)* zvrtnout
spring *(mechanical)* pružina
  (season) jaro
stadium stadión
staircase schodiště
stairs schody
stamp známka
stapler sešívačka
star hvězda
  (film) filmová hvězda
start *(verb)* začít
station stanice
statue socha
steak biftek
steal krást
  it's been stolen ukradli to
steering wheel volant
stewardess stevardka
sticky tape izolepa

sting *(noun)* bodnutí
  (verb) bodnout
  it stings pálí to
stockings punčochy
stomach žaludek
stomachache bolest žaludku
stop *(verb)* zastavit
  (bus stop) zastávka autobusu
  stop! stůj!
storm bouře
strawberry jahoda
stream *(small river)* potok
street ulice
string *(cord)* provaz
  (guitar etc) struna
student student
stupid hloupý
suburbs předměstí
sugar cukr
suit *(noun)* oblek
  (verb) slušet
  it suits you sluší ti to
suitcase kufr
sun slunce
sunbathe opalovat se
sunburn spálenina
sunglasses sluneční brýle
sunny: it's sunny je slunečno
suntan opálení
suntan oil olej na opalování
supermarket velká samoobsluha
supplement dodatek
sure jistý
  are you sure? *(to a man/woman)*
  jste si jistý/jistá?
surname příjmení
sweat *(noun)* pot
  (verb) potit
sweatshirt bavlněná sportovní bunda
sweet *(not sour)* sladký
  (candy) sladkost
swimming costume plavky
swimming pool bazén

swimming trunks plavky
switch vypínač
Switzerland Švýcarsko
synagogue synagoga

table stůl
tablet tableta
take vzít
takeaway prodej přes ulici
take off *(verb)* vzlétnout
takeoff *(noun)* vzlet
talk *(noun)* hovor
   (verb) hovořit
tall dlouhý
tampons tampóny
tangerine mandarinka
tap kohoutek
tapestry gobelín
tea čaj
tea towel utěrka
telephone *(noun)* telefon
   (verb) telefonovat
telephone box telefonní budka
telephone call telefonní hovor
television televize
temperature teplota
tent stan
tent peg stanový kolík
tent pole stanová tyč
than než
thank *(verb)* děkovat
   thanks díky
   thank you děkuji
that: that bus ten autobus
   that man ten muž
   that woman ta žena
   what's that? co je toto?
   I think that ... myslím, že ...
their: their room
   jejich pokoj
   their books jejich knihy
   it's theirs to je jejich

them: it's them to jsou oni
   it's for them to je pro ně
   give it to them dej to jim
then potom
there tam
   there is/are ... tady je/jsou ...
   is/are there ...? je/jsou tady ...?
thermal springs termální prameny
these: these things tyto věci
   these are mine tyto jsou moje
they oni
thick silný
thin slabý
think myslet
   I think so myslím, že ano
   I'll think about it budu o tom
   přemýšlet
third třetí
thirsty: I'm thirsty mám žízeň
this: this bus tento autobus
   this man tento muž
   this woman tato žena
   what's this? co je toto?
   this is Mr. ... toto je pan ...
those: those things tamty věci
   those are his tamty jsou jeho
throat hrdlo
throat pastilles pastilky
through skrz
thunderstorm bouře
ticket lístek
tie *(noun)* vázanka
   (verb) uvázat
tights punčocháče
time čas
   what's the time?
   je hodin?
timetable rozvrh
   (railway) jízdní řád
tin konzerva
tin opener otvírač konzerv
tip *(money)* spropitné
   (end) špička

tired unavený
  I feel tired *(man/woman)*
  cítím se unavený/unavená
tissues papírové ubrousky, kapesníčky
to: to England do Anglie
  to the station na stanici
  to the doctor k doktorovi
toast toast
tobacco tabák
today dnes
together společně
toilet záchod
toilet paper toaletní papír
tomato rajče
tomato juice rajčatová šťáva
tomorrow zítra
tongue jazyk
tonic tonik
tonight dnes večer
  (late at night) dnes v noci
too *(also)* také
  (excessive) příliš
tooth zub
toothache bolest zubů
toothbrush zubní kartáček
toothpaste zubní pasta
torch baterka
tour cesta
tourist turista
tourist office cestovní kancelář
towel ručník
tower věž
town město
town hall radnice
toy hračka
toy shop hračkářství
track suit teplaková souprava
tractor traktor
tradition tradice
traffic doprava
traffic jam dopravní zácpa
traffic lights semafor
trailer přívěs

train vlak
translate přeložit
transmission *(for car)* převodovka
travel agency cestovní agentura
traveller's cheque cestovní šek
tray podnos
tree strom
trousers kalhoty
try zkusit
tunnel tunel
tweezers pinzeta
typewriter psací stroj
tyre pneumatika

umbrella deštník
uncle strýc
under pod
underground podzemí
underground metro
underpants trenýrky
understand rozumět
  I don't understand nerozumím
underwear spodní prádlo
university univerzita
unmarried *(man)* neženatý
  (woman) neprovdaná
until až do
unusual neobvyklý
up nahoru
  (upwards) směrem vzhůru
urgent naléhavé
us: it's us to jsme my
  it's for us to je pro nás
  give it to us dejte to nám
use *(noun)* užití
  (verb) užívat
  it's no use není to k ničemu
useful užitečný
USSR SSSR
usual obvyklý
usually obvykle

vacancy *(room)* volný pokoj
vacuum cleaner vysavač
vacuum flask termoska
valley údolí
valve ventil
vanilla vanilka
vase váza
veal telecí
vegetable zelenina
vegetarian *(person)* vegetarián
vehicle vozidlo
very velmi
vest nátělník
video tape videokazeta
Vienna Vídeň
view pohled
viewfinder hledáček
villa vila
village vesnice
vinegar ocet
violin housle
visa vízum
visit *(noun)* návštěva
    (verb) navštívit
visitor návštěvník
    (tourist) turista
vitamin tablet vitamínová tableta
vodka vodka
voice hlas

wait čekat
waiter číšník
    waiter! pane vrchní!
waiting room čekárna
waitress číšnice
Wales Wales
walk *(noun: stroll)* procházka
    (verb) procházet se
    to go for a walk jít na procházku
wall stěna
wallet náprsní taška
war válka

wardrobe šatník
warm teplý
was: I was *(man)* byl jsem
    (woman) byla jsem
    he was on byl
    she was ona byla
    it was to bylo
washing powder prášek na praní
washing-up liquid
    saponát na mytí nádobí
wasp vosa
watch *(noun)* hodinky
    (verb) pozorovat
water voda
waterfall vodopád
wave *(noun)* vlna
    (verb) vlnit se
we my
weather počasí
Web site web site, webová stránka
wedding svatba
week týden
welcome vítat
    you're welcome není zač
wellingtons holínky
Welsh waleský
Welshman Walesan
Welshwoman Walesanka
Wenceslas Square Václavské náměstí
were: we were my jsme byli
    you were
    (to a man/woman) vy jste byl/byla
    (familiar: to a man/woman)
    ty jsi byl/byla
    (plural) vy jste byli
    they were oni byli
west západ
wet mokrý
what? co?
wheel kolo
wheelchair invalidní vozík
when? kdy?
where? kde?

127

whether jestli
which? který?
whisky whisky
white bílý
who? kdo?
why? kdy?
wide široký
wife manželka
wind vítr
window okno
windscreen čelní sklo
wine víno
wine list nápojový lístek
wing křídlo
with s
without bez
woman žena
women's toilet dámy, ženy
wood (material) dřevo
wool vlna
word slovo
work (noun) práce
   (verb) pracovat
worse horší
worst nejhorší
wrapping paper balicí papír

wrist zápěstí
writing paper
   dopisní papír
wrong špatný

year rok
yellow žlutý
yes ano
yesterday včera
yet ještě
   not yet ještě ne
yoghurt jogurt
you vy
   (singular familiar) ty
your: your book vaše kniha
   (familiar) tvoje kniha
   your shoes vaše boty
   (familiar) tvoje boty
yours: is this yours? je toto vaše?
   (familiar) je toto tvoje?
youth hostel ubytovna pro mládež

zip zip
zoo zoologická zahrada